Fabian Scheidler

DAS GEISTIGE FELD

Essentialien des Theaters

Alexander Verlag Berlin

Alexander Wewerka, Fredericiastr. 8, D-14050 Berlin
info@alexander-verlag.com | www.alexander-verlag.com

Lektorat: Reinhard Hoffmann und Christin Heinrichs-Lauer
Satz/Layout/Umschlaggestaltung: Antje Wewerka

ISBN 978-3-89581-570-6
Printed in the EU (October) 2021

INHALT

Statt eines Vorworts:

EIN BRIEF VON ROBERTO CIULLI

»Das Theater bildet die älteste Form des Wissens, das die Menschheit geschaffen hat und heute noch seine Gültigkeit bewahrt. Es gibt kein Wissen ohne das Theater.«

Carlo Sini

Lieber Alexander,

ich möchte Dich auf Fabian Scheidlers Essay »Das geistige Feld« aufmerksam machen. Dieser Text öffnet den Blick für eine Theaterkunst, die im westlichen Theater in Vergessenheit geraten ist. Doch es ist genau dieser Blick, der uns helfen kann, neue Formen des Theaters wieder zu finden, um uns den Anforderungen, denen wir als Gesellschaft ausgesetzt sind, zu stellen. Wir sind als Weltgemeinschaft in der Corona-Krise dazu aufgefordert, die Reparatur dieser Welt in Gang zu bringen.

Im Theater, an das uns Fabian Scheidler erinnert, steht die Komplizenschaft des *attore* mit dem Zuschauer im Zentrum. Mit dem Blick auf Theaterformen, die heute noch in der orientalischen Welt lebendig sind, greift er, weit entfernt vom heutigen westlichen Theaterverständnis, weit zurück in die Geschichte. Er zielt auf den Ursprung, auf die Wurzeln, auf das Ritual, das Menschen weltweit immer schon entwickelt haben, um Gemeinschaft herauszubilden. Er gibt uns mit seinem Essay die Möglichkeit, uns wieder mit diesem Ursprung zu verbinden und ihn für einen neuen gesellschaftlichen Diskurs nutzbar zu machen. Er macht uns klar, welche Aufgabe wir als Gesellschaft haben, wo Sein und Werden einen Zyklus vom Individuum zum Condividuum bilden. Heute begreift die Wissenschaft die Komplexität des Lebens in viel größeren Zusammenhängen als in Einzeldisziplinen, wir wissen, dass komplexe Ökosysteme und soziale Ungleichheit nicht getrennt voneinander betrachtet werden können und dass wir untrennbar in einem Abhängigkeitsverhältnis von und mit allem stehen, und zwar alle gemeinsam, alle gleichzeitig.

Wir wissen, dass wir auf einer Erde leben, die im Kosmos zwischen Milliarden von Galaxien als Sandkorn existiert. Alle diese Einsichten zeigen uns das Zusammenspiel der Natur, in deren Gesamtwerk uns so etwas wie eine planetarische Empathie bewegt und handeln lässt.

*

Warum gehen Menschen heute noch ins Theater?

Einige tun es, um zu erfahren, wie eine Geschichte sich abspielt, besonders wie sie endet, und die meisten Geschichten enden mit dem Tod. Exitus.

Andere, um zu erfahren, ob sich die Geschichte so abspielt, wie sie sie kennen, und ob sie dies nach allen Regeln der Kunst tut.

Die Wenigsten gehen ins Theater in der Erwartung, an einem Ritual teilzunehmen, bei dem das gemeinsame Erleben das Ziel ist.

Aber genau das ist entscheidend für die Heranbildung von Menschsein, im Sinne von Sein und Werden. Menschsein ist vielleicht heute weniger denn je eine Selbstverständlichkeit, wo wir schon von früh an in Konkurrenz zueinander getrieben werden, mit hochtechnisierten und organisierten Weltersatzsimulatoren. Das Prinzip »homo homini lupus«, das wir seit Thomas Hobbes auf die Natur anwenden, ist eine Lüge gewesen, die wir als eine Wahrheit konstruiert haben, um die sozialen Systeme und die Ökonomie entsprechend zu formen. Diese Systeme aber müssen wir gemeinsam verändern, weil wir in ihnen ersticken.

*

Worte sagen uns viel über die Geschichte des Theaters, sind deren Gedenksteine, Aufbewahrungsorte. Auch sie sind sehr alt und können uns helfen, auf unserer Reise in die Vergangenheit die Wege zu finden. Das Wort »Fiktion«, ein Grundbegriff des Theaters, bedeutet »Ausgedachtes, Vorgestelltes, Erdichtetes«. »Fiktion« kommt vom lateinischen »fingere«, das heute im Italienischen »vortäuschen, lügen« meint. »Fingere« ist aber im Lateinischen als »plasmare«, d. h. »formen, bilden, gestalten« zu verstehen.

Die Wurzeln des Wortes »fingere« liegen im Sanskrit *(degh)*.

Eines der ältesten Bücher über die Darstellenden Künste ist das *Natya Shastra* – von Natya (Darstellende Kunst) und Shastra (Lehre) –, verfasst in Sanskrit im Zeitraum vom 2. Jahrhundert v. Chr. bis etwa zum 2. Jahrhundert n. Chr. Der Legende nach stellten die Götter in der Eisenzeit, die der Goldenen Zeit folgte, eine zunehmende Barbarisierung der Menschengesellschaft fest. Um das Aufkommen von Hass, Neid und Gewalt zu beenden, haben die Götter Indra gebeten, ein Spielzeug zu erfinden, mit dem die Menschen durch die Sinne, durch Hören und Sehen gemeinsam einen Weg des friedlichen Zusammenlebens finden. Dieses Spielzeug ist das Theater.

Warum ein Spielzeug? Warum eine Wissenschaft über das Theater? Warum nur für die Menschen?

Weil die Götter *inmortali*, d. h. unsterblich sind und die Tiere nicht wissen, dass sie sterblich sind. Nur die Menschen wissen, dass sie sterben werden, und dieses Bewusstsein über den Tod bringt sie dazu, sich Fragen über den Sinn des Lebens zu stellen. Das *Natya Shastra* begründet die Entstehung der Theaterkunst (als Wissenschaft) mit der Funktion, eine humane Gesellschaft zu formen, zu bilden, zu gestalten *(fingere)*.

Fabian Scheidlers Blick auf die Traditionen des orientalischen Theaters führt uns zurück zum Ursprung des Theaters und erlaubt uns einen Gedankensprung, der das *sapere* (Wissen) für die Menschheit durch das Theater, als Essenz von allen Wissenschaften, in die Gegenwart holt, so wie es auch der Philosoph Carlo Sini getan hat. Die Entstehung des Theaters koinzidiert mit der Entstehung des ältesten Wissens, welches die Grenze zwischen einem Hominiden und einem Homo Sapiens markiert: dem Bewusstsein über den Tod. Im Kadaver, der sich nicht bewegt, »sieht« der erste Sapiens den Tod und begreift den Unterschied zwischen bewegtem und unbewegtem Körper. Dieser Augenblick, den man als die erste »Vorstellung« vom Tod in der Menschheitsgeschichte bezeichnen könnte, bedeutet zugleich auch die Geburt des ersten *attore*, als Handelnder, und somit des Theaters. Das Bewusstsein, belebt und handlungsfähig zu sein, erlebt der Sapiens als geistige Kraft, die ihn bewegt und antreibt. Er beginnt, diese geistige Kraft in Beziehung zu setzen mit allen Phänomenen der Natur *(teatro mundi)*. Die Welt *si popola di attori* (wird von Handelnden bevölkert), und die Reise des Homo Sapiens beginnt. Fabian Scheidler nimmt uns mit auf diese Reise in den Orient und in unsere eigene Vergangenheit, ohne deren Rückbesinnung wir kaum eine Möglichkeit einer Zukunft, einer Perspektive hätten, er erinnert uns an unsere Zukunft.

Das Bewusstsein des eigenen Todes wurde dabei zur Triebfeder. Davon zeugen zum Beispiel die Höhlenmalereien, der Rückzug in die Dunkelheit, in den Bauch der Erde, die Entstehung des Schamanismus, die Entstehung religiöser Gefühle, der Glaube, als Handelnder werde man die Kraft des Tieres, das man getötet hat, auf sich übertragen, die Bewegung könne von einem Wesen auf ein anderes übergehen. Die Vorstellung, dass das Bewegtsein alle Phänomene der Natur eint, dass alles, was mich ausmacht, auch alles andere ausmacht. Von dieser Reise bleiben uns noch die Worte als Gedenksteine, Aufbewahrungsorte, die eine lange Geschichte in sich tragen und die wir noch heute benutzen im Theaterkontext. Wörter, die wie »fingere« ihre Wurzeln im Sanskrit *(Ṛta)* haben[1], wie:

- *arte*

  Das Gegenteil von *arte* ist das Wort *in-e(a)rte* = unbeweglich. *Arte* ist also die Kraft, die die Bewegung dirigiert.
- *rito*

  Das Gegenteil ist *irr-ito (inutile)* = unnütz.

  Rito meint also nützlich – etwas, das einen Wert hat.
- *ritmo*

  Die Dauer der Vorstellung und die Zeit in der Vorstellung.
- *diritto*

  Das Recht, also die Regeln (Gesetze), die die Vorstellung bestimmen.

Sie sind präsent im Zusammenhang mit Theaterkunst, tauchen aber auch in allen Bereichen auf, in denen sich soziales Leben strukturiert, in Schulen, von der Kita bis zur Universität, in Justiz, Militär, Religion und Politik.

Fabian Scheidler erinnert uns daran, dass das Theater nicht auf eine äußerliche Verpackungskunst unter ästhetischen Gesichtspunkten reduziert werden sollte, in der sie seit Aristoteles' *Poetica* gefangen ist, sondern in seiner sozialpolitischen Kraft für die Gestaltung *(fingere)* einer Gesellschaft. Es ist der Raum, in dem die Menschen sich zu einer Gesellschaft »bilden«, mit dem ganzen Körper, wie es schon in der Prähistorie geschehen ist. Der Autor des geschriebenen Textes ist dann nicht mehr das Zentrum des Theaters, sondern die *attori*, die auf der Bühne tanzen, singen, sprechen, denken, leben, und die *attori*, die im Zuschauerraum im Geist tanzen, singen, sprechen, denken, erleben. Eine gute Voraussetzung, um gemeinsam die Reparatur der Welt zu schaffen.

Roberto Ciulli

VORBEMERKUNG

»The time is out of joint«, sagt Hamlet – »die Zeit ist aus den Fugen.« Die gesellschaftlichen Krisen – ob ökologisch, sozial, politisch oder psychisch – überstürzen sich. Das Theater ist, ob es will oder nicht, Teil dieser Prozesse und herausgefordert, in dieser Lage künstlerische Positionen zu entwickeln. Allerdings wird diese Aufgabe dadurch erschwert, dass die Theater gezwungen sind, jedes Jahr – wenn sie nicht gerade durch einen Lockdown blockiert sind – eine immer weiter wachsende Menge von Kulturgütern zu produzieren, die sich auf dem Markt im Kampf um Aufmerksamkeit und Geld behaupten müssen. Fragen nach den Grundlagen und dem Sinn der eigenen Tätigkeit gehen leicht in der allgemeinen Betriebsamkeit unter.

Dieses Buch geht in die Gegenrichtung. Es ist ein Versuch, innezuhalten, sich auf die Essenz zu besinnen, an die Wurzeln zu gehen, zu fragen, was Theater überhaupt im Kern ist und wozu es gut sein kann. Damit entfernt es sich zunächst von schnellen Antworten auf aktuelle Fragen. Aber vielleicht ist ja dieses Sich-Entfernen und In-die-Gegenrichtung-Gehen genau das, was helfen kann, die Not zu wenden.

Das hier Gesagte nennt Voraussetzungen dafür, dass so etwas wie Theater überhaupt zustande kommen kann. Es befasst sich nicht mit der Begründung eines besonderen Stils. Wozu aber diese ausdrückliche *Benennung*? Theater entstand, auch in seinen höchstentwickelten Formen, ohne derartige Analyse.

In der Tat ist das, was in diesem Essay ausdrücklich gesagt wird, im Bereich des Selbstverständlichen, des intuitiven

Wissens, sicherlich besser aufgehoben. Genau an diesem Punkt aber liegt die Schwierigkeit: In der großen Verwirrung, die nicht nur das Theater, sondern alle Bereiche des Lebens erfasst hat, wird auch die fundamentale Unterscheidung von Sein und Darstellung, auf der jede Form von Theater beruht, zunehmend brüchig.[2]

Diese Verwirrung ist nicht erst durch den Siegeszug moderner Medien und Cyberwelten entstanden, die das Dasein immer perfekter simulieren, sondern reicht weit in unsere Vergangenheit hinein. Der hier unternommene Versuch, diesen uralten Knoten zu entwirren, dient dazu, die Theaterkunst von Missverständnissen und Hindernissen zu befreien, um zu ihrem existentiellen Kern, zu ihrer ursprünglichen Leuchtkraft vorzustoßen. Indes würde ein Darsteller aus einer der klassischen asiatischen Theatertraditionen wahrscheinlich nur darüber lächeln können, wie derart viele Worte über ihm so selbstverständliche Dinge gemacht werden. Doch auch ihm könnte es geschehen, dass er, sobald er aus der Technik seiner Kunst, in der dieses Wissen gespeichert ist, heraustrâte, hilflos vor Fragen stünde, die den hier behandelten gleichen.

I. DER BAUM DES WISSENS

1. Wissen

Theater ist Teil unseres Menschseins; die Anlage dazu ist uns, wie unsere Sprachfähigkeit, angeboren. Das zeigt sich bereits an sehr kleinen Kindern, die klar unterscheiden können, ob etwas »im Spiel« stattfindet oder »in echt«. Ohne vorangehende Belehrung verstehen sie rasch, dass ein gespieltes Ungeheuer kein echtes ist. Symbolisches Denken und Theater sind untrennbar verbunden. Beides gehört zur *conditio humana*.

Im Alltag allerdings ist die Unterscheidung zwischen einer symbolischen, theatralen Ebene und nicht-symbolischen Handlungen nicht immer einfach. Während bei Worten klar ist, dass es sich um Zeichen handelt, die etwas bedeuten sollen, ist das bei unserem Körper und unseren Gesten nicht immer der Fall. Ob sich ein Kind in der Schule nur am Kopf kratzt oder dabei ist, sich zu melden, ist aus Sicht der Lehrerin eine Frage der Interpretation. Das liegt daran, dass unsere körperlichen Handlungen von zweierlei Typ sein können: Sie können dazu da sein, etwas mitzuteilen – oder auch nicht. Mitunter kann diese Unterscheidung sehr kompliziert sein.

Nehmen wir eine konkrete Situation. Ein junger Mann macht in einem Park Akrobatikübungen. Eine junge Frau kommt vorbei, sieht den jungen Mann, setzt sich auf eine Bank, holt ein Buch heraus und beobachtet ihn über den Rand des Buches. Er bemerkt ihre Anwesenheit und ihre

Aufmerksamkeit und fährt mit seinen Übungen fort. Nehmen wir an, der Blick, mit dem er sie bemerkte, sei ein wenig mehr gewesen als nur ein flüchtiger. Schon dadurch hätte sie Anlass, seine Handlungen nun etwas anders zu interpretieren. Vielleicht würden sich auch Charakter und Rhythmus seiner Bewegungen spürbar verändern, verliehe er einigen Übungen jetzt einen gewissen Nachdruck, zögerte, ohne ersichtlichen Grund, bei anderen und würfe ihr ab und zu noch einen *beinahe* flüchtigen Blick zu. Vielleicht erschiene er ihr jetzt eitel und eingebildet, vielleicht aber auch besonders interessant. In jedem Falle würde sie ihn nun mit anderen Augen sehen, würde sie das, was er tut, nunmehr zu einem gewissen Teil *als Mitteilung an sich* auffassen. Was sie zuvor als Ornament betrachtete, deutet sie nun *als Schrift*.

Die Bühne nun ist der Bereich *par excellence*, wo ich, als Zuschauer, Anlass habe anzunehmen, dass sich alles im vollen Bewusstsein des Beobachtet-Werdens abspielt, und ich alles, was geschieht, *als Mitteilung an mich* zu verstehen habe. Tatsächlich ist der theatrale Bereich durch nichts anderes definiert als dadurch, dass alles, was in ihm geschieht, *als Mitteilung* aufzufassen ist.

Wenn ich jemandem in seinem Zimmer beim Kofferpacken zusehe, dann werde ich die Einzelheiten dieses Vorgangs in der Regel nicht als Mitteilungen an mich betrachten. Tut er das aber während einer Theatervorstellung auf der Bühne, dann werde ich in jedem Detail nach solchen Mitteilungen suchen, jedes Innehalten in der Bewegung, jeder Blick, jede Beschleunigung wird mir *als bedeutsam* erscheinen. Das Kofferpacken ist *kein bloßes Kofferpacken mehr*. Und diese Tatsache fordert vom Schauspieler, den

Vorgang in besonderer Weise, nämlich in Hinsicht auf seine Relevanz *als Mitteilung*, zu organisieren.

Es ist also nicht allein die Tatsache des Zuschauens, welche Theater vom außertheatralen Bereich unterscheidet. *Theater besteht nicht darin, dass die einen etwas tun und die anderen zuschauen.* In diesem Missverständnis liegt die Quelle der grundsätzlichsten und schwerwiegendsten Irrtümer. Denn erstens ist das Zuschauen im Theater kein *bloßes* Zuschauen (wie ich etwa einer Kuh auf der Weide zusehe), sondern eine bestimmte Art der Aufmerksamkeit, die alles als Mitteilung auffasst. Diese Aufmerksamkeit ist eine *geistige Aktivität.* Zweitens handeln auch die Schauspieler im vollen Bewusstsein, dass alles, was sie tun, als Mitteilung aufgefasst wird; und dieses Bewusstsein bestimmt Freiheit und Regeln ihrer Kunst. Die Zuschauer wiederum wissen von diesem Bewusstsein, die Schauspieler von diesem Wissen usw. Es ergibt sich ein *Baum des Wissens* (vgl. Grafik S. 18/19). Keiner kann annehmen, der andere wisse nicht. Das ist die Unmissverständlichkeit des Theaters, seine Transparenz. Alle wissen und handeln im Wissen. Was auch immer jemand während einer Theatervorstellung auf der Bühne tut, er *zeigt* es. Das Unwillkürliche ist ausgeschlossen. Die Anmut des jungen Mannes, die Kleist in seiner Abhandlung über das Marionettentheater beschreibt, seine Unschuld, ist im Theater unmöglich.[3] Anmut und Unschuld kann es dort nur *auf einer anderen Ebene*, im Durchgang durch eine vollkommene Transparenz des Wissens geben.

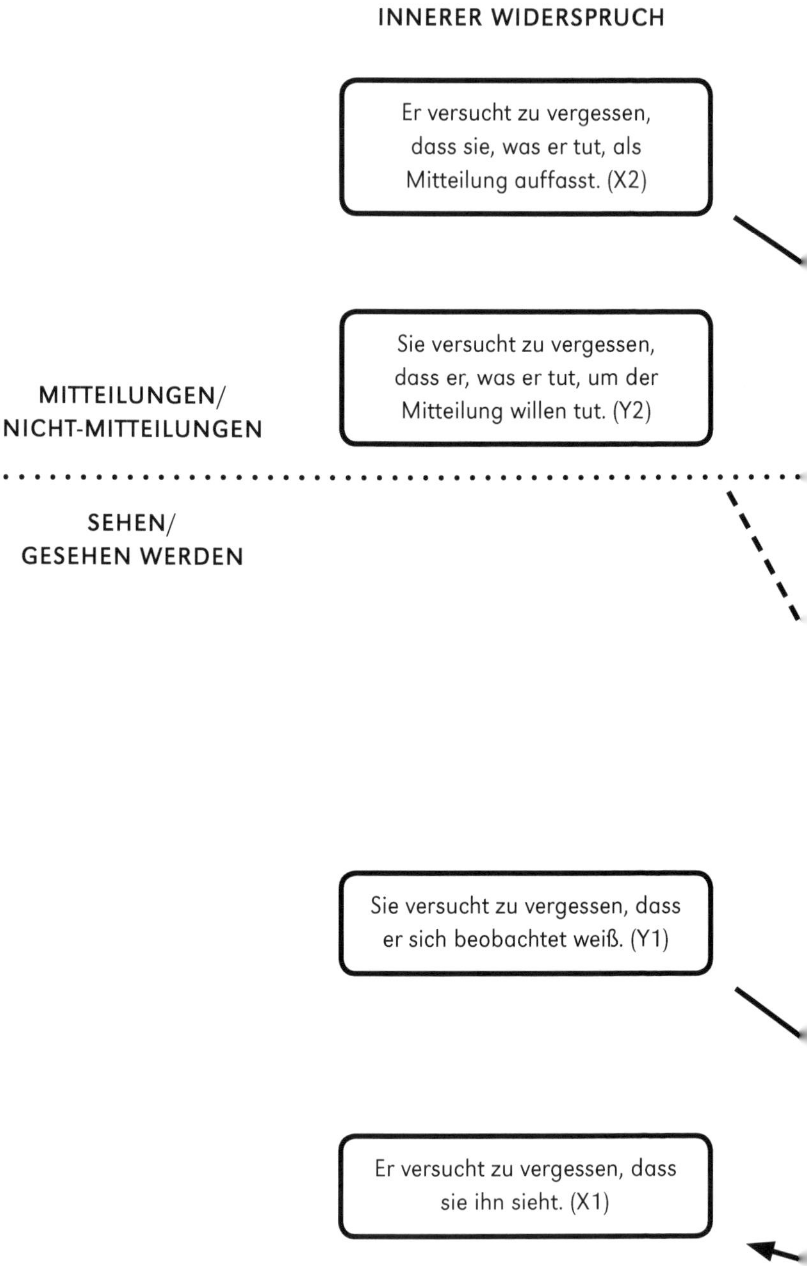

Der Baum des Wissens
Kommentar: s. Anhang S. 90 ff.

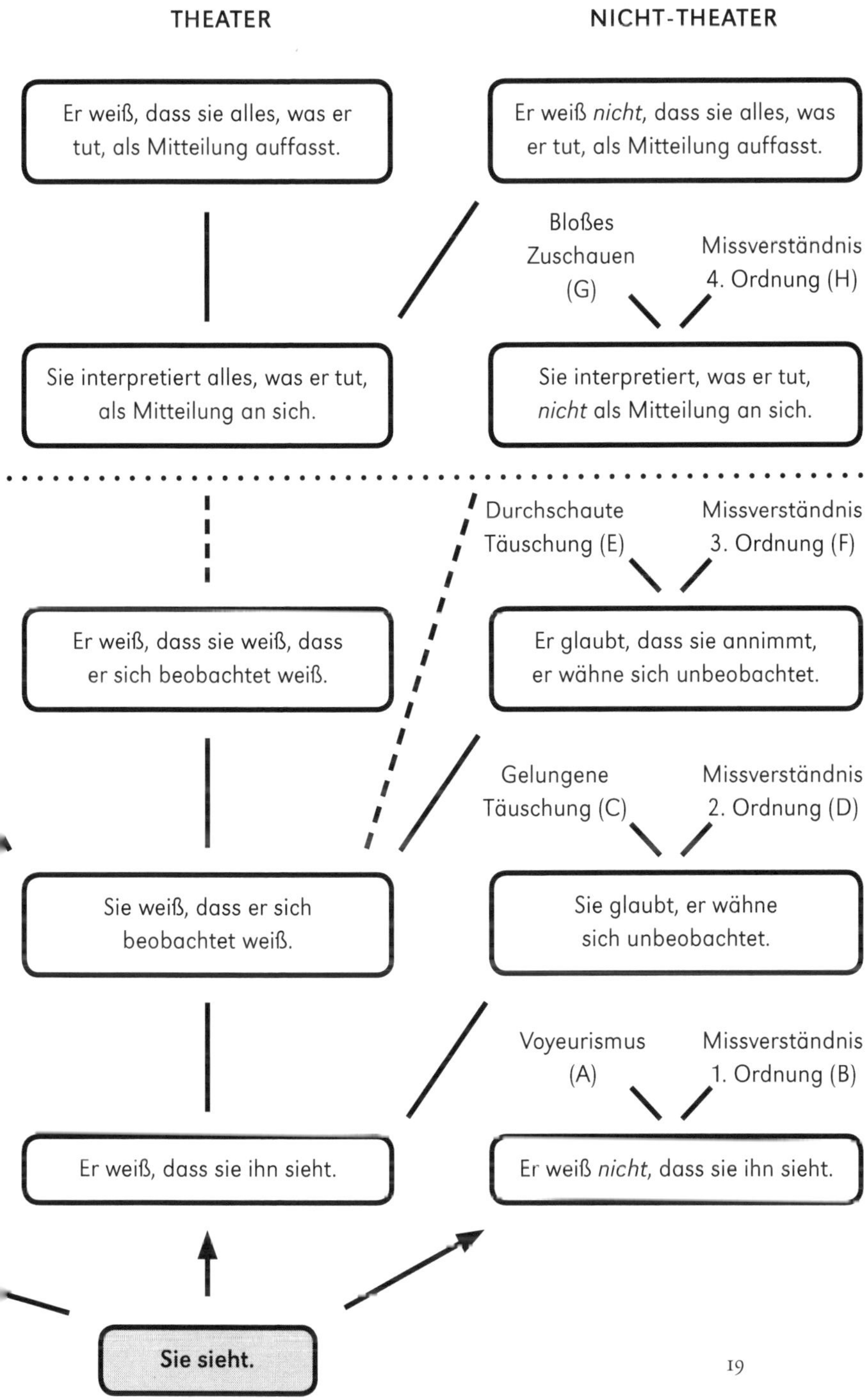

THEATER
NICHT-THEATER
Er weiß, dass sie alles, was er tut, als Mitteilung auffasst.
Er weiß *nicht*, dass sie alles, was er tut, als Mitteilung auffasst.
Bloßes Zuschauen (G)
Missverständnis 4. Ordnung (H)
Sie interpretiert alles, was er tut, als Mitteilung an sich.
Sie interpretiert, was er tut, *nicht* als Mitteilung an sich.
Durchschaute Täuschung (E)
Missverständnis 3. Ordnung (F)
Er weiß, dass sie weiß, dass er sich beobachtet weiß.
Er glaubt, dass sie annimmt, er wähne sich unbeobachtet.
Gelungene Täuschung (C)
Missverständnis 2. Ordnung (D)
Sie weiß, dass er sich beobachtet weiß.
Sie glaubt, er wähne sich unbeobachtet.
Voyeurismus (A)
Missverständnis 1. Ordnung (B)
Er weiß, dass sie ihn sieht.
Er weiß *nicht*, dass sie ihn sieht.
Sie sieht.

2. *Lüge*

Wenn uns jemand etwas vormacht, uns täuscht, sagen wir manchmal: »Das ist nur Theater.« Ist Theater also nichts als eine künstlerisch raffinierte Form des Lügens? Eine Vorspiegelung, ein täuschender Schein, ein So-Tun-als-ob? Oder ist es, im Gegenteil, eine Methode, um Wahrheiten sichtbar zu machen, die sich auf anderem Wege nicht zeigen lassen?

Um uns der Frage nach Lüge und Wahrheit auf dem Theater zu nähern, müssen wir zunächst einmal herausfinden, was eine Lüge überhaupt ist. Unser Alltagsverstand sagt uns zunächst, dass eine Lüge eine unwahre Aussage ist. Jemand lügt, wenn seine Aussagen nicht mit den Tatsachen übereinstimmen. Zum Beispiel, wenn ich rufe »Es brennt!«, und es brennt nicht.

Allerdings ist die Sache bei näherem Hinschauen etwas komplizierter. Ich könnte nämlich *glauben*, dass es brennt, während es tatsächlich nicht brennt. Dann wäre mein Ausruf keine Lüge, sondern ein Irrtum. Es müsste also heißen: Jemand lügt, wenn er *wissentlich* und *absichtlich* etwas sagt, das nicht mit den ihm bekannten Tatsachen übereinstimmt.

Nehmen wir nun aber an, dass ich bei einer Theateraufführung auf der Bühne stehe. Ich rufe »Es brennt!«, wohlwissend, dass es überhaupt nicht brennt – offensichtlich eine unwahre Aussage. Lüge ich? Niemand springt auf und stürmt hinaus. Glaubt man mir nicht? Hat man meine Äußerung also *als Lüge* durchschaut? Warum aber hören mir die Leute dann weiter aufmerksam zu und klatschen am Ende? Vielleicht kommen einige nach der Vorstellung sogar zu mir und gratulieren mir zu meiner Darbietung. Wie erklärt sich dieser Widerspruch?

Kommen wir noch einmal auf den jungen Mann zurück, der seine Akrobatikübungen macht, wohlwissend, dass die Frau, die ihm zusieht, alles, was er tut, als Mitteilung aufzufassen bereit ist. Nehmen wir an, er würde sich plötzlich *absichtlich* fallen lassen, jedoch in einer Weise, die für die Frau diese Absicht und die Tatsache, dass er nicht ernsthaft gestürzt ist, offensichtlich werden lässt. Sie könnte daraufhin zum Beispiel zu ihm eilen und sich nach seinem Befinden erkundigen, im vollen Bewusstsein, dass ihm gar nichts fehlt, während er ihr seinen (natürlich vollkommen intakten) Fuß zur Begutachtung überlässt, hie und da über schmerzhafte Stellen klagt und diese Klagen mit Blicken kommentiert, die alles andere als schmerzhaft erscheinen. *Lügt* er? Lügen sie beide?

Zum einen gibt er zweifellos falsche Aussagen von sich: Er klagt über Schmerzen, die er überhaupt nicht hat. Andererseits legt er aber den Widerspruch zwischen seiner Aussage und seiner tatsächlichen Befindlichkeit deutlich offen. – Und damit lügt er definitiv *nicht.* Wenn ich absichtlich und wissentlich die Unwahrheit sage und es so einrichte, dass der andere den Schwindel als solchen erkennen muss, dann ist das keine Lüge, sondern eine Einladung auf eine andere Ebene, eine Einladung *zum Spiel.*

Die Frage, ob der Mann lügt oder nicht, lässt sich also niemals dadurch beantworten, dass man allein seine Aussage und die tatsächliche Befindlichkeit seines Fußes gegenüberstellt. Die Antwort muss immer auch die Frau und die komplizierten Verknüpfungen von Mutmaßungen und Gewissheiten, die die beiden in jedem Moment verbinden, einschließen. Wir landen wieder bei dem *Baum des Wissens*, an dem Lüge (oder Täuschung) und Missverständnisse Abzweigungen darstellen, Abzweigungen, die immer durch ein partielles Nicht-Wissen auf einer der beiden Seiten, durch eine spezifische Einschränkung der Transparenz bestimmt sind.[4]

Das Theater nun schafft hier eindeutige Verhältnisse, wie wir sie nirgends im außertheatralen Bereich finden, wo wir ständig der Gefahr von Missverständnissen und Täuschungen ausgesetzt sind. Es klärt das komplizierte Geflecht von gegenseitigen Mutmaßungen und Gewissheiten *im Sinne vollkommener Gewissheit und Transparenz.* Es trennt die logischen Ebenen und definiert den Bereich, wo alles Tun und Sagen und Nicht-Tun und Nicht-Sagen *grundsätzlich auf einer anderen Ebene zu verstehen ist.* Im Theater ist das Kofferpacken grundsätzlich kein bloßes Kofferpacken und das Hinfallen eines jungen Mannes grundsätzlich kein bloßes Hinfallen. In jedem Fall findet eine *Transposition* statt, vom Sein zur Mitteilung einerseits, von der wörtlichen Mitteilung zur Mitteilung auf einer anderen Ebene andererseits.

Deshalb lüge ich auch nicht, wenn ich auf der Bühne »Es brennt!« rufe, während es tatsächlich *nicht* brennt. Alle wissen, dass wir uns auf einer anderen Ebene befinden.

*

Nehmen wir nun an, der Mann ließe sich in einer Weise fallen, die die Frau *glauben machen* soll, er sei tatsächlich *ernsthaft* gestürzt. Sie eilt zu ihm, erkundigt sich nach seinem Befinden und verarztet ihn, alles in dem Glauben, er sei wirklich verletzt, während er ihr nicht den geringsten Hinweis darauf gibt, dass ihm überhaupt nichts fehlt. – Jetzt erst *lügt* er.

Wieder haben wir es mit zweierlei zu tun: erstens das absichtliche Fallen, die Klagen über Schmerzen, die nicht existieren; zweitens die ebenfalls absichtliche *Verdeckung* (oder Nicht-Offenlegung) dieser Absicht und der Gegenstandslosigkeit der Klagen. Die Lüge besteht also nicht darin, absichtlich und wissentlich etwas zu sagen, das nicht den Tatsachen entspricht, sondern darin, diesen Widerspruch zu *verdecken* (bzw. ihn, wenn er verdeckt ist, wohlwissend, dass er verdeckt ist, nicht offenzulegen).

Zu bedenken ist auch, dass die beiden sich bereits in einer Situation befanden, wo klar war, dass es um *Mitteilungen* geht. Nun beginnt er in dem Moment zu lügen, wo er sie glauben zu machen versucht, dass das, was er tut, *keine Mitteilung mehr sei*; dass ihm etwas unabsichtlich »geschehe«; dass er *nicht spiele.*

Mit einem Schauspieler in einer Theateraufführung verhält es sich ähnlich. Solange auf beiden Seiten Klarheit darüber besteht, dass alles als Mitteilung aufzufassen ist, ist keinerlei Täuschung im Spiel. Sobald der Schauspieler die Zuschauer aber *glauben zu machen* versucht, dass er ernsthaft leide, dass er nicht mehr um der Mitteilung willen handele, beginnt er zu *lügen.* Je »wahrhaftiger«, »authentischer« und »echter« er in diesem Sinne zu sein versucht, desto tiefer verstrickt er sich in diese Lüge, desto schlechter wird seine schauspielerische Leistung.

Aber muss ein Schauspieler nicht versuchen, *glaubwürdig* zu sein, damit seine Darbietung nicht hohl, gestellt und kalt erscheint? Steht er sonst nicht *neben der Rolle*?

Die Frage ist, was hier mit »glaubwürdig« gemeint ist. Nehmen wir einen Sänger, der Schuberts »Winterreise« singt. Damit sein Vortrag gelungen wirkt, müssen wir ihm nicht glauben, dass er dabei *wirklich friert.* Und doch ist es von großer Bedeutung, ob und in welcher Weise er mit seiner Empfindung und Einbildungskraft beteiligt ist. Dasselbe gilt für den Schauspieler: Nur innere Beteiligung, nur Empfindung und Einbildungskraft ermöglichen es ihm, seine darstellerischen Mittel überhaupt erst in eine sinnvolle Ordnung zu bringen, nur durch Empfindung und Einbildungskraft kann er diese Ordnung sodann in den richtigen Fluss bringen und ihr den nötigen Schliff geben. Dabei ist es jedoch vollkommen unnütz, wenn uns der Schauspieler *glauben machen* will, er habe diese oder jene Empfindung; denn seine Empfindung dient ihm dazu, *seine Darstellung zu gestalten.* Gelingt ihm die Darstellung, so wird er uns berühren, belustigen, inspirieren oder was auch immer. Sobald er uns aber dazu bewegen will – oder wir durch andere Umstände dazu Anlass bekommen –, uns Gedanken über seine psychische und körperliche Befindlichkeit zu machen, hören wir auf, seine Darstellung *als Darstellung* zu betrachten, ist die Darstellung missglückt. Die ganze Rede von »glauben« im Sinne von »für wahr halten« ist im Theater vollkommen unangebracht. Theater beruht logisch auf Transparenz des *Wissens*; und jenseits davon gibt es so etwas wie künstlerische Wahrheit.

Gelingt es indes einem Schauspieler tatsächlich, mich beispielsweise glauben zu machen, er leide in der Rolle des Philoktet, der eine schwärende Wunde am Bein hat, wirkliche Schmerzen, so würde ich aufspringen, zu ihm eilen und einen Notarzt rufen.

Wir kommen zu einer Tautologie: In einer Theatervorstellung ist der Versuch, die Anwesenden glauben zu machen, dass es sich nicht um eine Theatervorstellung handelt, eine Lüge. Sobald diese Lüge *geglaubt* wird, ist die Theatervorstellung beendet. Das Theater ist also nicht ein *Ort*, wo lügen unmöglich ist, sondern eine *Form der Kommunikation*, die der Lüge logisch entgegengesetzt ist.

Nun wollen manche, die »Authentizität« fordern, jedoch noch weiter gehen, um dem Selbstbetrug des Glaubenmachens zu entkommen: Der Schauspieler soll uns nicht nur *glauben machen*, er habe diese und jene Empfindungen, sondern die Differenz zwischen Darstellung und Sein soll in aller Offenheit vollkommen abgeschafft, der Baum des Wissens kurzerhand an der Wurzel gefällt werden. Der Ausweg aus dem geheuchelten Schmerz ist demnach der durch und durch wirkliche und *echte* Schmerz. Und man meint diese Echtheit den Zuschauern schuldig zu sein, gerade so als befände man sich im Zoo, wo mit einem gewissen Recht *echte* Bären und nicht schauspielernde Herren im Pelz erwartet werden können. Der Schauspieler, der log, weil er, statt darzustellen, glauben zu machen versuchte, sucht hier seinen Ausweg aus der Lüge, indem er die gesamte Struktur, welche Lüge ebenso wie Wahrheit überhaupt erst ermöglicht, zerstört. Und diese Zerstörung nennt er »Authentizität«.

Wenn es um Streit geht, werden also nun echte – »authentische« – Schlägereien geliefert, wenn es um Liebe geht, ist es echter – »authentischer« – Sex, und wenn gegessen werden soll, werden echte – »authentische« – Butterbrote gegessen. Nur mit dem Sterben hat man noch seine Mühe.

Dieser Ruf nach einer missverstandenen »Authentizität« oder »Wahrhaftigkeit« hat gewisse Analogien zu den verschiedenen Bilderstürmen, die in der Geschichte Europas (und des Nahen und Mittleren Ostens) so zahlreich sind – wenn sich auch die weltanschaulichen Standpunkte jeweils unterscheiden. Im einen wie im anderen Fall wollen oder können die Menschen die Ebenen von Sein und Darstellung, wörtlicher Aussage und Metapher nicht mehr unterschieden.[5] In beiden Fällen folgt aus dieser erkenntnistheoretischen Krise eine *Zerstörung der Form im Namen der*

Wahrhaftigkeit; in beiden Fällen gehen der Forderung nach »Wahrhaftigkeit« bereits Lüge, Heuchelei oder selbst schon ein erkenntnistheoretischer Irrtum voraus (man denke nur an den Ablasshandel zur Zeit der Reformation oder die Behauptungen über die Identität von Oblaten mit dem *konkreten*, materiellen Leib Christi[6]); und in beiden Fällen besteht die Konsequenz der Wahrhaftigkeits-Revolutionäre nicht in der Neubegründung einer symbolischen Struktur, sondern in dem Versuch, das Symbolische selbst vollkommen abzuschaffen.

Die eigenartige innere Widersprüchlichkeit einer Theateraufführung, die auf der Idee von »Authentizität« gründet, müsste auf eine fiktive Zuschauerin, eine Zeitreisende, die dergleichen noch nicht gesehen hat, jedoch mit einigen großen Theaterkünsten der Welt, mit den klassischen asiatischen Theaterformen, mit der Commedia dell'Arte, der griechischen Tragödie und dem Shakespeare-Theater wohlvertraut ist, einen befremdlichen Eindruck machen. Vielleicht würde sie, wenn ein um »Authentizität« bemühter Schauspieler vor ihr wie ein Seehund auf der Bühne herumrobbt und mit dem Kopf auf den Boden hämmert, dem Mann wirklich zu Hilfe eilen wollen. Da aber niemand sonst derartige Anstalten macht, käme es ihr möglicherweise in den Sinn, dass es sich um eine Art Ritual handelt. Nun versichert man ihr aber, dass dies durchaus Theater sei, und so würde sie womöglich, in der Annahme, dass es sich um eine sehr volkstümliche Sache handeln muss, beginnen, dem Schauspieler Kommentare zu seiner unwürdigen Darbietung zuzurufen; schließlich aber, da man ihr schon böse Blicke zuwirft und sie merkt, dass die übrigen Zuschauer regungslos mit kultivierten Mienen ausharren, müsste sie ratlos, verwirrt und in peinlicher Anspannung in ihren Sessel sinken. – Kurzum: Es wäre ihr unmöglich, eine konsistente Deutung der ganzen Angelegenheit zu finden. Wie sollte sie auch? Die erkenntnistheoretische Verwirrung ist hier zu tief, die Verquickung von Selbstbetrug, Irrtum und guten Absichten zu schwindelerregend, als dass eine Fremde sie lösen könnte.

Im Gegensatz zu unserer fiktiven, idealen Zuschauerin sind wir jedoch die »authentische« Liebe und den »authentischen« Schmerz auf der Bühne längst gewohnt. Wir nehmen es mit kultivierten Mienen hin, und es geht uns dabei wie mit des Kaisers Neuen Kleidern: das Theater – geschweige denn die Theater*kunst* – findet nicht statt, und kein Mensch traut sich, es zu sagen.

Und doch ist die Suche nach der Echtheit im Theater mehr als ein Irrtum, sie entspringt einer Not. In einer maskenhaften, zunehmend von Simulakren und medialen Scheinwelten verstellten Welt, in der die Menschen nach echten Erfahrungen dürsten, kann das plötzliche *Realwerden* von Bühnengestalten als ein Moment der Befreiung erscheinen. Das Fernsehen hat diese Sehnsucht nach Wirklichkeit mit seinen Reality-Shows schon seit langem ausgenutzt, das Theater ist diesem Trend zum Teil gefolgt.[7]

Der Preis für dieses momentane Gefühl von Befreiung und Echtheit ist aber das Ende des Theaters als Möglichkeit symbolischer Kommunikation. Und wenn das Theater aufhört, Theater zu sein, wird es zu etwas ähnlichem wie die Bärenhatz oder der Gladiatorenkampf: zu einer bloßen *Zurschaustellung*. Schon zu Shakespeares Zeiten stand die Bärenhatz-Arena direkt neben dem Globe Theatre.[8]

*

Wenn es im Theater nicht darum geht, »Authentisches« zur Schau zu stellen, was kann dann mit »Wahrheit« gemeint sein? Hat es überhaupt Sinn, bei einem theatralen Vorgang – oder auch bei einem Gedicht – von Wahrheit zu reden?

Um eine pragmatische »Richtigkeit der Aussage« kann es hier jedenfalls nicht gehen. Denn wenn wir ein Theater betreten oder einen Gedichtband aufschlagen, haben wir es mit Situationen zu tun, in denen von vornherein klar ist, dass alles auf einer anderen Ebene und nicht als Aussage über überprüfbare Tatsachen zu verstehen ist. Wenn ich in einem Gedichtband die Worte »Schmerz versteinerte die Schwelle«[9] finde, dann werde ich das nicht als Aussage über die physikalische Mutation einer Türschwelle zur Zeit des Dichters zu verstehen suchen.

Wenn auf dieser Ebene von Wahrheit die Rede sein kann, dann nicht in Bezug auf überprüfbare Tatsachen, sondern in Hinsicht auf *geistige Wirkung*: Ein wahres Wort, eine wahre Geste, ein wahrer Ton ist etwas, das uns in besonderer Weise *trifft*. Und wir stellen fest, dass dieses Treffen von der besonderen *Art* des Sagens, des Tuns, des Singens abhängt. Eine syntaktische Umkehrung der Zeile zu »Die Schwelle wurde von Schmerz versteinert« zerstört den gesamten poetischen Gehalt des Satzes. Er trifft nicht mehr. Sein Inhalt ist nicht auf ein semantisches Substrat reduzierbar, er ist von der syntaktischen und melodisch-rhythmischen Qualität nicht ablösbar.

Oder nehmen wir Shakespeares Zeilen aus *The Tempest*: »We are such stuff / As dreams are made on; and our little life / Is rounded with a sleep.«[10] Was macht die besondere Wirkung dieser Worte aus? Die Richtigkeit der Aussage, dass wir geboren werden und sterben? Das lässt sich auf Hunderte von Arten sagen, die uns alle kaltlassen. Es ist vielmehr die spezifische Art, dies zu sagen: die Bilder, die wachgerufen werden, und zwar in einem bestimmten Rhythmus und einem besonderen Fluss der Vokale und Konsonanten. Die Wahrheit dieser Zeilen liegt nicht in ihrem semantischen Informationsgehalt, sondern in ihrer spezifischen Gestalt, die in der Lage ist, in uns eine Tür aufzustoßen, die sonst verschlossen ist.

Das Kriterium dieser Wahrheit ist nicht die »authentische« Abbildung der Welt, sondern die Erweiterung unseres Wahrnehmungsvermögens und unserer Imaginationskraft. Eine in diesem Sinne wahre Geste, ein wahres Wort, eine wahre Szene öffnet unseren geistigen Raum; sie erlaubt uns, die Welt und uns selbst plötzlich in einem anderen Licht zu sehen, und lässt uns das, was vorher banal und selbstverständlich erschien, als außergewöhnlich und bemerkenswert wahrnehmen. Und diese geistige Wirkung ist nicht das Resultat einer Reproduktion der Welt, wie sie uns außerhalb des Theaters erscheint, sondern das Ergebnis eines Aktes der »Poiesis«, der künstlerischen Schöpfung, der etwas ganz Neues hervorbringt. Kunstwerke in diesem Sinne sind keine Spiegel der Welt, sondern Organe, die uns neue Bereiche der Wirklichkeit erschließen lassen – so wie das Auge selbst die Welt nicht abbildet, sondern überhaupt erst als sichtbare erschafft.[11]

3. Rahmen und Schwelle

Die Voraussetzung für das Zustandekommen von *Bedeutung* ist eine spezifische Art von Aufmerksamkeit, eine Aufmerksamkeit, die etwas *als* Mitteilung, *als* bedeutsam zu interpretieren bereit ist.

Eine solche Aufmerksamkeit kann zum Beispiel durch eine *Rahmenmitteilung* zustande kommen. Eine Rahmenmitteilung markiert etwas als bedeutsam und definiert die Schwelle zwischen bedeutsamem und unbedeutendem Bereich (bzw. zwischen Buchstäblichkeit und Metapher).[12] Eine solche Rahmenmitteilung ist zum Beispiel der »ein wenig mehr als nur flüchtige Blick« des jungen Mannes, mit dem er der Frau mitteilt, dass das, was folgt, als Mitteilung an sie zu verstehen sein wird.

Im Theater nun gibt es Rahmenmitteilungen in der Regel in überreicher Fülle. Das fängt bei der Programmankündigung für eine bestimmte Zeit und einen bestimmten Ort an und erstreckt sich, je nach Art des Theaters, über Gebäudeeingang, Kasse, Einlass, Foyer, Saal, Bühnenrampe, Licht, Vorhang, Kostüm und Maske bis zum besonderen Verhalten der Schauspieler. Vor allem ist auch das Verhalten der Zuschauer *als Theaterzuschauer* selbst eine wichtige Rahmenmitteilung – ja, tatsächlich kann dieses Verhalten allein bereits vollkommen hinreichend sein, um Theater als Theater zu kennzeichnen. Sobald um irgendein Geschehen Leute herumstehen, die sich *als Theaterzuschauer* verhalten, besteht für jeden neu Dazukommenden bereits eine Rahmenmitteilung, die seine Wahrnehmung verändert und ihn, was er sieht, als Theater deuten lässt.

Der Sinn von Rahmenmitteilungen besteht indes nicht

allein darin, Theater als Theater *kenntlich* zu machen. Bedeutung ist keine digitale Angelegenheit. Sie ist nicht entweder da oder nicht da, sondern kann verschiedene *Intensitäten* annehmen.

Die konzentrische Staffelung von Rahmenmitteilungen dient einer solchen Intensivierung. Sie hat nicht zufällig Ähnlichkeit mit dem geschachtelten Aufbau von Tempelanlagen. Ein großer griechischer Tempel zum Beispiel ist durch folgende konzentrisch angeordnete Schwellen gegliedert, die den Weg vom Profanen zum Heiligen staffeln: Tempelbezirk, Stereobat (Unterbau mit Stufen), Peristasis (Säulenkranz), Pronaos (Vorhalle), Cella (Saal) und darin das *eidos* der Gottheit.[13] Indem an jeder Schwelle im Grunde der *gleiche Schritt* vollzogen wird, wird geistige Distanz zwischen Außen und Innen, Profanem und Heiligem geschaffen, erhöht sich die Bedeutsamkeit des Innersten.

Nun wird aber ein Tourist, der heute die Stufen des Parthenon erklimmt, in der Regel keine geistige Distanz zwischen Profanem und Heiligem durchmessen. Und selbst wenn er seine Imagination dazu auffordert, wird es ihm schwerlich gelingen, weil das Verhalten der übrigen Anwesenden diesem Versuch in eklatanter Weise widerspricht. Die materiellen Stufen und Gliederungen nämlich werden erst durch einen von allen Beteiligten als solchen verstandenen und akzeptierten *Akt der Weihung* zu *geistigen* Schwellen. Die materiellen Stufen und Gliederungen sind nur Stützen für die Rahmenmitteilungen, die in erster Linie durch das Bewusstsein und Verhalten der Beteiligten zustande kommen.

Im Theater verhält es sich, auch in seinen derbsten und areligiösesten Formen, vollkommen analog. Die Bühne wird niemals nur durch ihre Materialitat und Form zum theatralen Bereich. Einer Bühnenarbeiterin, die während eines

Probenumbaus plötzlich aufschreit, weil sie sich mit dem Hammer auf den Daumen gehauen hat, würde ich, ohne zu zögern, zu Hilfe eilen, während ich einem kinetisch und akustisch ununterscheidbaren Vorgang am Abend in einer Slapstickkomödie – auf derselben Bühne – mit Vergnügen und ohne moralische Skrupel zuschaue. Was sich dazwischen ereignet hat – was die Bühne zum theatralen Bereich macht –, ist analog zu einer Weihung: Die Interpretation der Objekte und Handlungen verlagert sich grundsätzlich auf eine andere Ebene, eine Ebene, wo eine Oblate grundsätzlich keine bloße Oblate ist und eine aufschreiende Handwerkerin grundsätzlich keine bloße aufschreiende Handwerkerin.

Nun ist es, wenn, wie im Theater oder in einer Ausstellung, eine gewisse Bereitschaft, Dinge als bedeutsam wahrzunehmen, besteht, sehr leicht, Rahmen zu missbrauchen, um Ungestaltetes hineinzustellen und die Zuschauer auf diese Weise zu nötigen, in die Berufsverweigerung des Künstlers Bedeutsamkeit hineinzulesen. Dadurch wird der gute Wille der Zuschauer (oder etwa der Ausstellungsbesucher) natürlich rasch verbraucht. Sie erhalten die Rahmenmitteilung »Hier geht es um Bedeutsames« und bekommen dann nur »Authentisches« vorgesetzt. Diese Strategie, das inflationäre Spiel mit den Ebenen, löscht, großflächig eingesetzt, die Wirksamkeit von Rahmen mit der Zeit aus. Die Ebenen verwischen sich, Darstellung und Sein werden ununterscheidbar. Und so verliert die Kunst ihre Bedeutungsfähigkeit, während das Sein auf der anderen Seite einer ständigen sinnlosen Rahmung und Ästhetisierung unterworfen wird.

Das Ganze reicht aber tiefer, ist Teil einer weit zurückreichenden erkenntnistheoretischen Verwirrung, deren Bewegung zwischen Bildersturm und Verbildlichungsexzess schwankt. Seit Beginn der Neuzeit entstand in der abendländischen Welt einerseits eine inflationäre Schwemme von *Abbildern*, die das Sein immer perfekter simulieren und schließlich, in Form der Cyber-Technik, sogar *ersetzen* sollen;[14] andererseits aber wurde das Bild selbst, als *eidos*, als eine die geistige Essenz, die *Idee* einer Sache offenbarende Gestalt, immer wieder im Namen der »Wahrhaftigkeit« zerstört.

In dieser Perspektive wird auch die Rede davon, dass »das Leben in die Kunst« und »die Kunst ins Leben« getragen werden müsse, fragwürdig. Denn was kann hier mit »Leben« gemeint sein, wenn nicht das, was *nicht* um der Mitteilung, der geistigen Wirkung willen gestaltet ist – mit anderen Worten: was im Bild, im Theater *per definitionem* fehl am Platze ist? Und was kann dem übrigen Leben Schlimmeres geschehen, als allerorten zu Mitteilungen und ästhetischen Objekten funktionalisiert zu werden? Die Zerstörung der Schwelle, welche die Bereiche scheidet, ist tödlich für beide Seiten. Sie führt gleichzeitig zu einem Totalitarismus des »wirklichen Lebens« in der Kunst und zu einer exhibitionistischen Zurschaustellung und Inszenierung des außertheatralen Daseins.

Was die Ebenen scheidet, die Schwelle, ist das *Tabu.* Längst gilt es bei uns als Tugend, ja als Notwendigkeit, es zu brechen. Die Zerstörung von Schwellen gilt uns als Befreiung. Leben selbst aber ist nur durch die Existenz von Schwellen überhaupt erst möglich. Eine Zelle kann nur existieren, indem sie sich durch eine Membran von dem umgebenden Milieu *unterscheidet.* Dringt das Milieu ungehindert ein, hört sie zu sein auf. Und es ist kein Zufall, dass eine Zelle durch eine ähnliche Staffelung von Schwellen gegliedert ist wie ein Tempel: Membran (Peristasis), Plasma (Pronaos), Zellkern (Cella) und Chromosomen *(idea)*.

Leben ist ein geistiger Vorgang, das heißt ein Vorgang, der durch Bedeutung organisiert ist. Eine Zelle ist in diesem Sinne nicht weniger geistig als der menschliche Verstand. Bedeutung aber kann nur durch die Existenz von Schwellen – durch *Differenz* – zustande kommen. Schwellen zerstören heißt, im Prinzip, Leben zerstören.[15]

4. Spiel

Der Begriff *Spiel* kann im Zusammenhang mit Theater irreführend sein. Er verleitet dazu, einen theatralen Vorgang, sei es eine Vorstellung oder eine Probe, als ein bloßes Spiel zwischen Schauspielern aufzufassen, bei dem Zuschauer einfach *zuschauen*. Das Spiel aber, um das es im Theater geht, findet zunächst und vor allem *zwischen Schauspieler und Zuschauer* statt. Theater beruht darauf, dass zwischen Zuschauern und Schauspielern Einigkeit und Klarheit darüber besteht, dass beide Seiten *im Spiel* sind.

Zugleich findet auch ein Spiel *zwischen den Schauspielern* statt. Dieses Spiel bewegt sich aber wiederum auf einer anderen Ebene als das Rahmenspiel, und diese Ebene ist in jedem Moment bezogen auf das Spiel zwischen Schauspielern und Zuschauern. Die Aufgabe des Schauspielers besteht nicht darin, bloß *für sich* und *mit anderen Schauspielern* zu spielen, sondern mit jedem Augenblick seines Spiels etwas über den Radius seiner eigenen Spielhandlung hinaus in Richtung der Zuschauer zu schicken, mit jedem Augenblick seines Spiels die Aufmerksamkeit der Zuschauer zu gestalten.

Nehmen wir eine klassische Situation des heimlichen Beobachtens und Lauschens, etwa die Szene aus *Hamlet*, in der Polonius das Gespräch Hamlets mit seiner Mutter hinter einem Wandteppich belauscht. Natürlich wissen die Akteure, die Hamlet und seine Mutter spielen, dass der Kollege da ist und ihnen zuhört (sie haben die Szene schließlich geprobt), und ebenso wissen auch die Zuschauer, dass die Szene geprobt ist, dass die beiden Protagonisten also über die Anwesenheit ihres Kollegen wohlunterrichtet sind. Das aber heißt: Die drei müssen ihre Kunst nicht auf *Simu-*

lation verschwenden. Sie müssen keinen außertheatralen Vorgang rekonstruieren und »authentisch« auf die Bühne übertragen. Ihre Aufgabe ist es zunächst einzig und allein, im Spiel mit den Zuschauenden die *Idee* von Nicht-Wissen und Belauscht-Werden zu vermitteln. Für die Szene braucht es daher keinen echten Wandteppich, hinter dem Polonius verschwindet. Im klassischen chinesischen Theater etwa würde diese Situation so gelöst, dass Polonius auf offener Bühne erscheint und sein Verstecktsein nur durch das Verhalten der anderen und einige sparsame Gesten behauptet wird. Das macht die Szene auch wesentlich interessanter für die Zuschauer. Der Moment des Entdeckens zum Beispiel, in dem Hamlet den heimlichen Zuhörer an einem Geräusch bemerkt und dann durch den Teppich hindurch ersticht, wird zu einer ganz anderen theatralen Herausforderung als eine naturalistische Darstellung. Denn wir sehen Hamlet und Polonius in unmittelbarer Nähe zueinander, ohne jede physische Barriere zwischen sich, und doch können sie sich *im Spiel* nicht sehen. Die Schauspieler können so die Momente vor dem Töten und Getötet-Werden in ihrer ganzen Dimension darstellerisch entfalten und die Zuschauenden in dieses Spiel über den Irrwitz des Todes miteinbeziehen. (Eine solche Lösung erlaubt es auch, wie wir in Kapitel IV noch sehen werden, die Beschränkungen der außertheatralen Zeit zu überwinden und eine theatrale Zeit zu schaffen, in der gewichtige Momente gedehnt werden können, ohne Rücksicht auf außertheatrale Vorstellungen von Dauer.)

Indem die Darsteller nur die Idee des Nicht-Sehens vermitteln müssen, sind sie also frei für die Gestaltung anderer Mitteilungen. Würden sie den Verlauf außertheatraler Vorgänge zum Maßstab ihrer Arbeit machen, so müssten sie diesen Freiraum mit einer Kette von vollkommen nutzlosen, weil für die Mitteilung irrelevanten Details auffüllen, die nur hundertfach wiederholen, was ohnehin längst bekannt ist. Denn außertheatrale Vorgänge sind eben dadurch bestimmt, dass sie nicht (bzw. nicht ausschließlich) in Hinsicht auf ihre Relevanz als Mitteilung organisiert sind; wo sie auf die Bühne übertragen werden, kann nur eine Schwemme theatral irrelevanter Gesten entstehen, in der keine Bewegung Raum hat, ihre Bedeutung zu entfalten.

II. RAUM

Es mag die Bühne etliche Schritte vor uns beginnen; wir können diese etlichen Schritte vorwärts machen, aber wir wissen, daß damit nichts getan wäre: unsere Füße könnten wohl den Boden der Bühne, wir könnten nicht den Raum der Bühne betreten. Weil er andrer Gattung ist als der unsre; weil er von einem Leben andrer Stufe, andrer Steigerung, andrer Dichtigkeit erschaffen und erfüllt ist als der unsre; weil unsre Dimensionen für ihn nicht gelten.[16]

Martin Buber

Der theatrale Bereich ist vom übrigen Raum durch eine geistige Schwelle geschieden. Diese Schwelle kann in sinnfälliger Weise durch eine Stufe repräsentiert werden, die ein Podium vom Zuschauerraum trennt. Es genügt aber auch eine Markierung im Staub oder ein Teppich, ja tatsächlich bedarf es unter Umständen überhaupt keiner festgelegten räumlichen Markierung, dann nämlich, wenn Verhalten, Maske oder Kostüm die Schauspieler eindeutig als solche erkennbar werden lassen.

Die primäre räumliche Struktur dieses Bereiches wird durch die Anordnung der beiden im Spiel befindlichen Seiten, Zuschauer und Schauspieler, geschaffen. Nehmen wir den Fall einer frontalen Gegenüberstellung. Der Zuschauerraum wird dunkel. *Bevor irgendetwas auf der Bühne geschieht*, entsteht eine Bündelung der Aufmerksamkeit in Richtung der Bühne. Diese Aufmerksamkeit besteht darin, dass alle nun bereit sind, alles, was auf der Bühne geschehen wird, *als Mitteilungen* aufzufassen. Es gibt also, bevor irgendetwas *auf der Bühne* geschieht, ein den ganzen Raum durchspannendes *geistiges Feld.* Die Aufgabe des Schauspielers besteht in nichts anderem als darin, dieses Feld zu modulieren. Seine Fähigkeit, Bedeutung zu schaffen, liegt nicht zunächst in ihm selbst, sondern in diesem geistigen Feld. Wenn er auftritt, bildet er darin gewissermaßen eine Turbulenz, und *sie* ist es, die er gestaltet. Er muss sich, mit anderen Worten, bewusst sein, dass jede seiner Bewegungen IN DER SEELE DER ZUSCHAUER stattfindet.

Ist er sich darüber nicht im Klaren, wird er dieses Feld aller Wahrscheinlichkeit nach bereits in den ersten Sekunden seines Auftritts demolieren. Er wird glauben, dass er erst einmal etwas *aus sich selbst* hervorbringen müsse, eine Emotion, einen *Ausdruck*, um damit eine neutrale Masse von Rezipienten zu irgendetwas zu bewegen. Sein Verhältnis zu den Zuschauern wird – wenn er überhaupt eines hat und keine Vierte Wand vortäuscht – ein manipulatives sein. Er wird sich den Raum als tot und neutral, als eine »Newton'sche Leere«[17] vorstellen, er wird versuchen, ihn durch Emotion und Ausdruck zu beleben und sich damit wie jemand verhalten, der einem kerngesunden Menschen mit Herzmassagen zu Leibe rückt.

Die Reaktion der Zuschauer, auch und gerade derjenigen, die, da die Vorstellung begann, den Schauspieler mit frischer Aufmerksamkeit und Erwartung beschenkten, kann darauf nur ein inneres Zurückweichen sein, ein Beginn von Misstrauen und Widerwillen.

Wenn ein Schauspieler den theatralen Bereich betritt, hat er es also mit etwas außerhalb seiner selbst zu tun, das er formt, einem gerichteten Feld, und dieses Feld bestimmt seine eigene Ausrichtung. Diese Ausrichtung ist das erste fundamentale strukturbildende Moment im theatralen Raum.

In religiös gebundenen Theaterformen gelten die menschlichen Zuschauer nicht als das einzige Publikum. Immer schauen zugleich auch Wesen anderer Ordnung zu. Die ihnen zugeordneten Richtungen können mit der Ausrichtung zum menschlichen Publikum zusammenfallen, können aber auch davon abweichen und besondere Ausrichtungen des Schauspielers bestimmen. Im japanischen Noh-Theater befindet sich auf der Rückwand der Bühne eine gemalte Kiefer, der Sitz der »Geister« *(kami)*. Im indischen Kathakali und Kutiyattam befindet sich in der Mitte der Bühne eine Öllampe, ein heiliges Feuer, auf das die Darsteller Bezug nehmen. Im balinesischen Theater sind den *devas* – den mehr-als-menschlichen Wesen – in der Regel diagonale Richtungen zugeordnet.

Aber auch in einem »profanen« Theater ist es entscheidend, dass der Raum für den Darsteller nicht kosmologisch neutral und gleichförmig ist. Sobald er Emotion und Ausdruck wahllos in die verschiedenen Richtungen streut, ignoriert er die Struktur, aus der sich sein szenisches Leben überhaupt speist.

Und wie dem Schauspieler, so nützen auch dem Tänzer Technik und Ausdruck nichts, wenn er kein Gefühl für das gerichtete Feld, für den *geistigen Raum* hat, in dem er sich bewegt, und der, wenn er ihn noch nicht gestört hat, extrem sensibel auch auf die kleinsten Gesten zu reagieren imstande ist. Bemerkt er seine Wirkungen im Feld nicht, so heißt das, dass er keinen Sinn für die Bedeutung seiner Bewegungen hat, dann wird, was er tut, von *Sport* ununterscheidbar.

Wenn wir von der *Bühne* sprechen, müssen wir zwei Dinge deutlich unterscheiden: einerseits die Bühnenfläche selbst, sei sie nun Teil eines Theaterbaus, ein einfacher Teppich oder nur ein durch eine Markierung im Staub definierter Kreis; andererseits die Ausstattung, das Bühnen*bild.* Zwischen beiden besteht ein Unterschied der logischen Ebenen.

Die Bühnenfläche wird durch Rahmenmitteilungen, die einem Akt der Weihung in gewisser Hinsicht analog sind, auf eine besondere Ebene transponiert. Dort hören der staubige Platz und das Holzpodium auf, ein bloßer staubiger Platz und ein bloßes Holzpodium zu sein. Sie werden zum Boden *an sich*, zum *Prinzip* Boden, zum *Prinzip* Erde. Dieses Prinzip ist nicht zu verwechseln mit irgendeinem besonderen szenischen *Schauplatz.* Die Szenen wechseln, aber der Boden bleibt. Die Schauplätze, imaginär oder durch Ausstattungselemente angedeutet, gehören einer anderen logischen Ebene an.

Das *Prinzip* Boden, das *Prinzip* Erde, ist der Grund, aus dem die Dinge ins Leben wachsen und in den sie im Tode zurückkehren. Das Liegen ist dem Tode verwandt. Nähe zum Boden ist, als Prinzip, Nähe zum Tod. Boden ist Nivellierung; und Leben ist, als Prinzip, *Differenzierung* von diesem Niveau, *Höhenunterschied.*

(Dieser Unterschied lässt sich auch als *Negentropie* oder *Potential* betrachten. Ein Glas auf dem Tisch hat zweierlei zu verlieren: seinen Höhenunterschied und seine Form. Am Boden zerschlagen, ist es an einem vorläufigen entropischen Maximum angekommen, und dieser Zustand ist für das Glas das, was für das Leben der Tod ist. Leben heißt, mindestens eine *Differenz* zu verlieren haben.)

Ein Schauspieler, der auf der Bühne steht, *steht* nicht einfach, sondern *teilt* dieses Stehen *mit.* Indem er steht *und nicht liegt*, teilt er mit, dass er *lebt.* (Er teilt seine thermodynamische Differenz mit.) Der Abstand vom Boden ist für ihn – wie im Boxkampf – eine besondere Dimension: die Entfernung vom Leben zum Tod. Ist er sich über die Bedeutung dieser Dimension nicht im Klaren, so wird er eine fundamentale Voraussetzung seines Spiels ständig, ohne es zu merken, untergraben. So kann es geschehen, dass er durch unnütze Bodenkontakte den szenischen Tod einer Inflation preisgibt und damit auch das szenische Leben entwertet. Von der Relevanz dieses Lebens aber, das sich zuallererst in der Differenz vom Bühnenboden zeigt, hängt die Relevanz theatraler Vorgänge überhaupt entscheidend ab. Denn was soll, wenn Leben und Tod beliebig geworden sind, noch relevant sein? Die Bühnenfläche ist also für den Schauspieler oder Tänzer ambivalent: Einerseits trägt sie ihn, gewährt sie Sicherheit, kann er sich ihr anvertrauen; andererseits muss er sie fürchten wie der Boxkämpfer das Aus.

Der Bühnenboden ist die Bezugsfläche, der gegenüber sich Leben im Theater definiert. Die Schwerkraft bestimmt, was »oben« und was »unten« ist, und die Bühnenfläche schneidet die dadurch gebildete Achse im Lot. Das ist das zweite fundamentale strukturbildende Moment im theatralen Raum.

*

Wenn man westlich geprägte Schauspieler nach ihren gestalterischen Mitteln fragt, so werden viele nur ihre Gebärden und Stimmen nennen. Die Aufteilung der Fläche, die Bestimmung der Distanzen und die gesamte Geometrie scheinen ihnen nicht wesentlich zu ihrer Arbeit zu gehören und sie überlassen sie in der Regel weitgehend dem Regisseur oder Choreographen. Dabei ist der Umgang mit Fläche, Distanz und Geometrie – ebenso wie der Umgang mit der Gravitation – *integraler* Bestandteil ihres Berufes, unveräußerlicher Teil ihrer Aufgabe. Es ist für die schauspielerische Arbeit von entscheidender Wichtigkeit, einen Sinn, eine Intuition, ein Bewusstsein für räumliche Strukturen zu entwickeln. Position, Ausrichtung, Distanz und Winkelmaß sind keine leeren, formalen Bestimmungen, sondern dienen dem Schauspieler ebenso wie Gebärde und Stimme dazu, das geistige Feld zu modulieren, also *Bedeutung* zu schaffen. Die Geringschätzung dieser elementaren Mittel als eine sekundäre, äußerliche Angelegenheit, als ein nachträglich dem eigentlichen Spiel auferlegtes Arrangement, entspringt einer Vorstellung des Raumes als einer qualitätslosen »Newton'schen Leere«, in der die Menschen als isolierte Wesen existieren und *sich ausdrücken*. Raum und Darsteller aber bilden einen *innigen*, lebendigen Zusammenhang. Was auch immer der Darsteller auf der Bühne tut, er formt immer auch den Raum, und zwar nicht nur im plastischen Sinne, sondern in seiner *geistigen Struktur*.

Die Bühne ist ein Raum des Möglichen. Um dieser Potentialität willen tritt der Schauspieler, der Tänzer auf. Nicht *er* hat die Kraft; *ihre* Möglichkeit, verliehen von der Aufmerksamkeit und Vorstellungsgabe der Zuschauer, ist das, was er formt. Mit jedem Schritt, den er tut, kann er den Raum des Möglichen weiten oder zerstören.

III. EMOTION

Madame Ristori hatte behauptet, dass ein Schauspieler auf der Bühne nur gut spielen könne, was er wirklich erfährt. Madame T. fragte sie: »Was aber, wenn Sie sterben müssen, Madame?«[18]

Constant Coquelin

Um auf der Bühne *Tod* darzustellen, braucht ein Schauspieler nicht zu sterben. Wenn er aber *Schmerz* darstellen will, muss er dann nicht selbst so etwas wie Schmerz *wirklich empfinden*?

Zunächst einmal ist klar, dass ein Schauspieler, um die *Tatsache* Schmerz – ebenso wie die *Tatsache* Tod – mitzuteilen, nur eine einfache konventionelle Gebärde braucht. Um eine solche Gebärde so auszuführen, dass sie *verstanden* wird, muss er natürlich ebenso wenig Schmerz empfinden, wie er tot umfallen muss, wenn er das Wort »Tod« ausspricht. Wenn hier aber nach der Darstellung von Schmerz gefragt wird, geht es um mehr. »Schmerz« kann nur ein abstrakter Titel für jeweils spezifische Erfahrungen sein, die sich niemals durch Konventionen, seien sie sprachlich oder gestisch, übermitteln lassen. Wenn ein Schauspieler an der Darstellung einer spezifischen Erfahrung arbeitet, hilft ihm die konventionelle Semantik überhaupt nichts, und die ganze Vorstellung, dass sich mit Hilfe von Zeichen Bewusstseins- oder Gefühlsinhalte übermitteln ließen, erweist sich als fadenscheinig. Ebenso wenig nützt ihm aber die Idee eines »authentischen Ausdrucks«. Denn er kann auf der Bühne sehr authentisch herumschreien, sich authentisch kaputtlachen, authentische Freudensprünge machen, und doch mit all dem nicht mehr *mitteilen* als abstrakte Begriffe wie »Schrecken«, »Lachen« oder »Freude« – etwas, das er ebenso gut und wesentlich eleganter und ökonomischer durch eine Konvention erreichen könnte. In der Arbeit von Schauspielern und Tänzern geht es darum, das *strukturell* Wesentliche einer spezifischen Erfahrung in die Gestaltung zu bringen. Das kann sich entweder in einer spezifischen Modifikation einer Konvention äußern – sei es im Rhythmus, im Kontext, in der Grammatik oder im *Ton* – oder in einer gänzlich neugeschaffenen Gestalt.

Natürlich muss der Schauspieler dabei innerlich in irgendeiner Form beteiligt sein, sonst wirkt seine Darstellung hohl, flach, seelenlos und »äußerlich«. Andererseits ist es aber offensichtlich, dass, wenn er auf der Bühne wirklichen Schmerz *empfindet*, er in seinen Darstellungsmöglichkeiten mit Zunahme dieser Empfindung immer weiter eingeschränkt wird, und dass, wenn er diesen Schmerz *zeigt*, er nicht Theater spielt, sondern sich zur Schau stellt. Er begibt sich in einen logischen Widerspruch zu der Rahmenmitteilung, die besagt: »Alles geschieht um der Mitteilung willen«, und dieser Widerspruch wirkt für die Zuschauer peinlich.[19]

Was aber ist das notwendige »Innen«, das Gefühl, das ein Schauspieler braucht, um seine *Darstellung* zu gestalten, wenn es nicht der Schmerz selbst ist? Ist es nur eine Frage des Maßes? Liegt das gesuchte Dritte irgendwo in der Mitte zwischen wirklichem Schmerz und vollkommener Empfindungslosigkeit? Dann müsste ein Schauspieler also die Schmerzen des sterbenden Herakles, der von einem in ätzende Säure getränkten Hemd zerfressen wird, darstellen können, indem er sich vor der Vorstellung oder Probe ein wenig Kalilauge ins Kostüm schüttet. Es ist klar, dass eine solche quantitative Idee nur zu Unsinn führen kann. Schmerz wird nicht dadurch zu einer Darstellung von Schmerz, dass man ihn durch einen geringeren Schmerz ersetzt.

Doch trotz ihrer offensichtlichen Unsinnigkeit ist diese Idee im Theater noch immer nicht ganz verschwunden. So kann es zum Beispiel geschehen, dass man einen Darsteller dazu auffordert, irgendeine konkrete Angst in seinem Leben dazu zu benutzen, die Angst eines Macbeth darzustellen; ja, es kommt sogar vor, dass man Schauspieler auf einer Probe absichtlich in die Enge treibt, um eine solche Angst zu provozieren.[20]

Das Ganze ist natürlich erstens unverantwortlich und zweitens logischer Unsinn. Im einen Fall wird der Schauspieler dazu *aufgefordert*, sich gleichsam Kalilauge ins Kostüm zu schütten, im anderen wird sie ihm zwangsweise verabreicht. Und all das, um ihn in einen Zustand echten Schmerzes oder echter Angst zu versetzen, der ihn bei seiner Arbeit nur behindern kann.[21]

Worum aber geht es, wenn es nicht um »echten Schmerz« geht? Was kann das gesuchte Dritte sein, wenn es weder Schmerz noch Nicht-Schmerz noch irgendetwas dazwischen ist?

Nehmen wir ein *Spiel*, zum Beispiel »Fangen«, ein Spiel, das nicht nur unter Menschen, sondern auch unter einigen anderen Säugetieren weitverbreitet ist. Es steht außer Frage, dass wir es dabei mit *wirklichen Emotionen* zu tun haben und nicht mit Heuchelei. Wenn ein Kind, das gerade verfolgt wird, lachend flieht und in dem Moment, da es beinahe vom Jäger gepackt wird, jäh aufschreit, dann können wir weder sagen, dass es das Vergnügen, noch dass es den Schrecken *simuliere*; ja, der Sinn der ganzen Unternehmung, der im Auskosten einer gewissen Mischung von Vergnügen und Schrecken besteht, wäre dahin, wenn diese Gefühle vorgetäuscht werden müssten. Was sich hier vom Nicht-Spiel, von einer wirklichen Verfolgung, unterscheidet, sind nicht in erster Linie die Handlungen *an sich* und nicht die Emotionen *an sich* (auch wenn sie im Spiel eine Modifikation erfahren), sondern die Existenz einer Rahmenmitteilung vom Typ »Wir beißen nicht wirklich«. Dieser Rahmen ermöglicht die Loslösung der Handlungen und Emotionen *aus ihrer Funktion*, aus ihrer *Finalität*. Jeder Spieler *weiß*, dass er nicht aufgefressen wird, und dieses Wissen bildet einen Antagonismus zu dem auf primärer Ebene ausgelösten Schrecken. Dieser Antagonismus öffnet eine besondere Freiheit: Die Handlungen und Emotionen können sich aus ihren finalen Ketten lösen, ihre Sequenzen werden nicht mehr von einem mit Verbissenheit verfolgten Ziel – etwa dem anderen etwas anzutun oder das eigene Leben zu retten – bestimmt. Dadurch wird die strenge, deterministische Bindung der einzelnen Glieder wesentlich lockerer, so dass vollkommen neue Abläufe entstehen können, in denen sich Handlungen und Emotionen in einer Weise folgen, gegenüberstehen und mischen, die innerhalb einer wirklichen Verfolgung unmöglich wären. Die Handlungen und Emotionen selbst verlieren also den Charakter der Verbissenheit und Determination und gewinnen *Leichtigkeit*: Die Spieler können ihre Zustände rasch und mühelos wechseln, sie kleben nicht an einzelnen Handlungen oder Gefühlen.[22]

Das Theater ist eine *doppelte* Anwendung dieser grundlegenden menschlichen Fähigkeit. Es beinhaltet ein Spiel – also nicht-finale Sequenzen – zwischen den Darstellern, Sequenzen indes, die in Hinsicht auf ihre Relevanz in einem anderen Spiel, dem zwischen Darstellern und Zuschauern, organisiert sind. (Und auch dieses Spiel besteht, per definitionem, aus nicht-deterministischen, nicht-finalen Vorgängen.) Dadurch ergibt sich die Notwendigkeit einer spezifischen Kombination von Leichtigkeit und Strenge: Leichtigkeit in den Verknüpfungen von Handlungen und Emotionen, Strenge in der Gestaltung ihrer Wirkungen im geistigen Feld.

Eine finale, streng konsequente emotionale Organisation kann im außertheatralen Bereich durchaus lebensnotwendig sein: »Ich habe Angst, also laufe ich weg, und zwar *so lange, bis ich in Sicherheit bin*«; »Ich habe Schmerzen, also schreie ich, und zwar *so lange, bis man mir hilft*«. Die Glieder solcher emotionalen Sequenzen (die immer auch Teil von Handlungsketten sind) sind sehr eng aneinander gebunden, das eine folgt *zwingend* aus dem anderen, bis irgendein Endzustand erreicht ist.

Im Theater ist diese Art emotionaler Organisation dagegen tödlich. Denn der Schauspieler muss, um seine Wirkung im geistigen Feld formen zu können, in jedem Moment über die größtmögliche Freiheit und Leichtigkeit emotionalen Wandels verfügen. Er muss wie ein Musiker in jedem Moment auf die gesamte Palette von Tönen und Intonationsmöglichkeiten zurückgreifen können. Sobald sich die Bindungen einzelner Glieder seiner Darstellung zu deterministischen Ketten versteifen, entgleitet ihm die Kontrolle und mit ihr seine Fähigkeit sowohl zur Modulation des geistigen Feldes als auch zur *Reaktion* auf Modulationen, die durch andere Schauspieler oder durch Zuschauer zustande kommen. Er mag zwar, je tiefer er in eine deterministisch-finale Organisation abgleitet, glauben, dass er immer »echter« und »wahrhaftiger« wird, koppelt sich aber in genau diesem Maße vom theatralen Leben ab.

In der nicht-finalen, nicht-deterministischen Organisation dagegen können die Emotionen und Handlungen mit einer Leichtigkeit, Raschheit und Differenziertheit wechseln wie Licht und Schatten unter windbewegtem Blattwerk. Sie befinden sich gewissermaßen in einem anderen *Aggregatzustand.* (Und ebenso wie verschiedene Aggregatzustände sind auch die beiden verschiedenen emotionalen Organisationsformen nicht durch einen kontinuierlichen Übergang, sondern durch eine *Schwelle* geschieden.)

Im Theater *müssen* die Emotionen und Handlungen in jedem Moment in einem frei beweglichen Aggregatzustand sein, weil der Schauspieler sonst die Modulationen des geistigen Feldes weder lenken noch formen noch auf sie reagieren kann. Das ist die *notwendige Freiheit*, die notwendige *Leichtigkeit* im Theater.

Zugleich muss der Schauspieler, da er nicht nur für sich und mit anderen Schauspielern spielt, sondern sich gleichzeitig und in erster Linie in einem übergeordneten Spiel befindet, einem Spiel, das darin besteht, dass alles, was er tut, *als Mitteilung* aufzufassen ist, die nicht-finalen, nicht-deterministischen Sequenzen seines Spiels in jedem Moment in Bezug auf das größere Spiel hin organisieren, lenken und ausrichten, jedes Detail in Hinblick auf seine Relevanz *als Mitteilung* auswählen und formen. Das ist die *notwendige Strenge.*

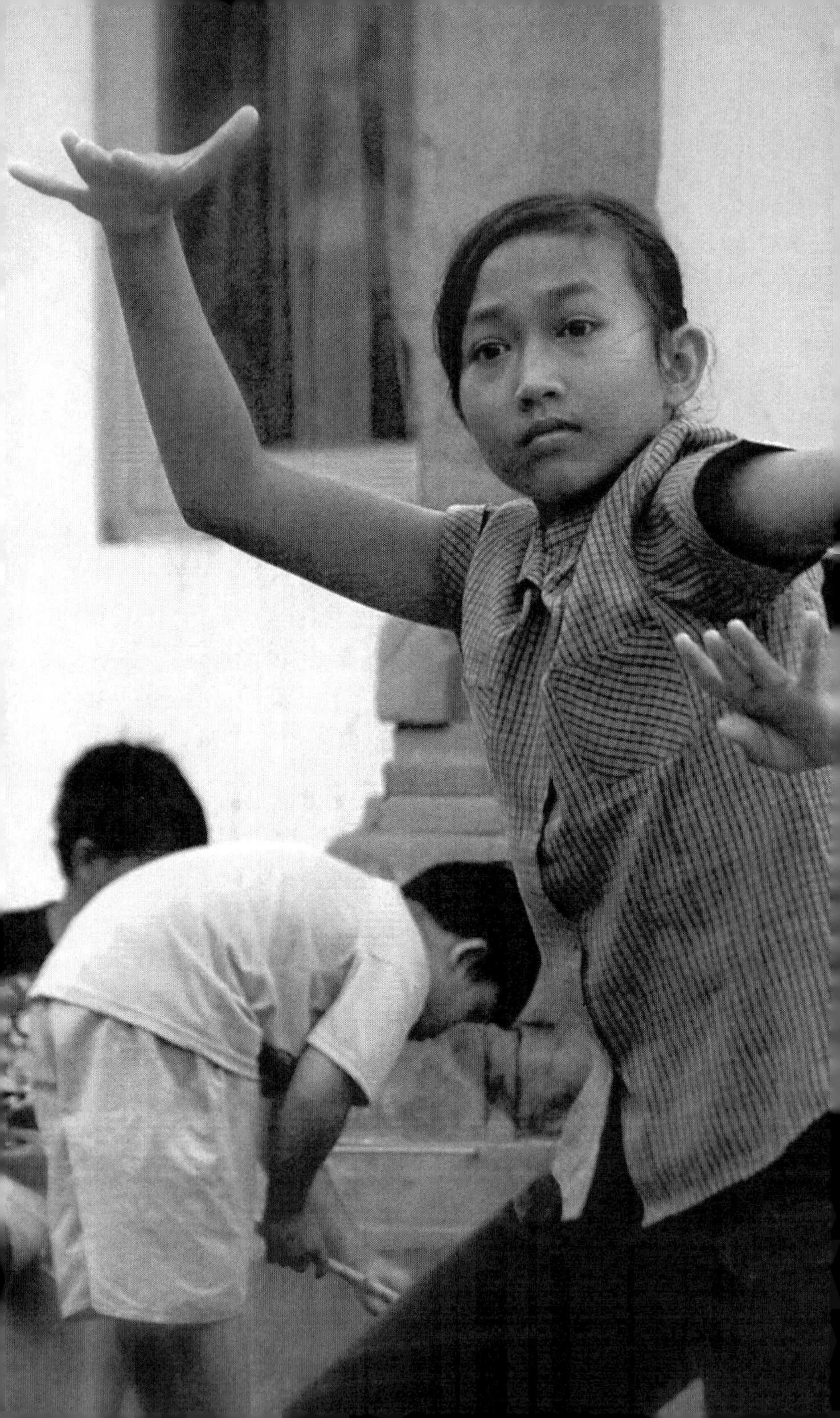

IV. PHYSIS UND ZEIT

Die Welt ist nicht um der Mitteilung an zuschauende Dritte willen organisiert. Zwei Liebende, die sich nach langer Trennung wiederbegegnen, werden den Ablauf dieser Begegnung in der Regel nicht als *Mitteilung* an anwesende oder imaginäre Andere organisieren. Ihre Bewegungen, Blicke, Worte, der zeitliche Verlauf, der Rhythmus des Geschehens, werden nicht darauf ausgerichtet sein, bei zuschauenden Dritten einen besonderen geistigen Sinn zu entfalten. Daran ändert auch und erst recht eine besondere emotionale Intensität nichts.

Das außertheatrale Leben ist fast immer schlechtes Theater. Wenn man es wie eine Theatervorstellung betrachten will, erscheint es ungeschickt, schlecht *getimt*, barbarisch choreographiert. Einmal geschieht viel zu viel in viel zu gedrängter Zeit, ein andermal stehen die Leute herum und wissen nicht, was sie tun sollen; außerdem reden sie zu viel, fassen sich ständig an die Nase und so weiter. Umgekehrt sind uns Menschen, die im außertheatralen Leben ihre Bewegungen gewollt perfekt und um der Wirkung willen gestalten, äußerst verdächtig. Sie wollen »Eindruck schinden«; sie erscheinen eitel, profilierungssüchtig; sie wirken »unnatürlich«. Zwei Menschen, die ihre Wiederbegegnung nach langer Trennung wie eine Inszenierung gestalten, würden uns als psychisch krank erscheinen.

Es ist also klar, dass weder die Form des außertheatralen Lebens der Maßstab für das Theater noch das Theater der Maßstab für das außertheatrale Leben sein kann.

*

Bewegung als Mitteilung zu gestalten, heißt, Physis und Zeit in einer besonderen Weise zu organisieren, die sich vom außertheatralen Leben fundamental unterscheidet. Diese Organisation ist im Prinzip als Tanz zu denken. Der griechische Begriff *mimesis*, der in der Regel fälschlich mit »Nachahmung« (»imitatio«) übersetzt wurde und wird, heißt ursprünglich so viel wie »durch Tanz zur Darstellung bringen«.[23]

Dass sich Physis und Zeit im Theater vom außertheatralen Leben prinzipiell unterscheiden müssen, ist indes keine Sache des *Stils*. Begriffe wie »Form«, »Stilisierung« und dergleichen können irreführend sein, weil sie die besondere physische Organisation von der inhaltlichen Substanz als ein je nach Geschmack nachträglich Hinzuzufügendes abtrennen. Der Schauspieler aber muss vom ersten Moment einer Probe an, vom ersten Schritt, den er auf die Bühne setzt, *präzise Gestalten* suchen und erfinden, Gestalten, die er nur und ausschließlich in Hinsicht auf ihre Relevanz im geistigen Feld organisiert. Es kann für ihn dabei keine Unterscheidung von Wesentlichem und Unwesentlichem, von Substanz und Akzidens, Inhalt und Form geben. Es ist niemals nebensächlich, *wo* er steht, *wie* er steht, *wo* seine Hand gerade ist, *ob* seine Finger geöffnet oder geschlossen sind, *in welcher Weise* sein Kopf geneigt ist, *in welcher Geschwindigkeit* er den Blick hebt, ob er *nur* die Augen oder *auch* den Kopf oder beides *zugleich* bewegt usw.

Natürlich wird kaum ein Schauspieler eine Probe damit beginnen, sich Gedanken über die Stellung seiner Finger zu machen. Aber wenn seine körperliche Intuition geöffnet ist, wird er während einer Probe *merken*, dass oft eine nur minimale Veränderung seiner Position, seiner Gestik, seiner Geschwindigkeit die Beziehung zum Raum und zu den Mitakteuren entscheidend beeinflussen kann. Er wird merken, dass diese Details keine formalen, technischen Fragen sind, sondern integraler Bestandteil des geistigen Raums, den er gestaltet.

*

Die Organisation von Physis und Zeit im Theater verhält sich in mancher Hinsicht analog zur Organisation von Klang und Zeit in der Musik. Eine Melodie – das heißt eine *musikalische Mitteilung* – kann es nur auf der Grundlage scharf definierter, klar voneinander *unterschiedener* Töne geben. Und die Melodie selbst kommt erst durch die rhythmische Folge, durch den *Wechsel* solcher Töne zustande.

Wie die Musik klar bestimmte einzelne Töne (bzw. Intervalle) braucht, so braucht auch das Theater klar bestimmte einzelne *kinetische Gestalten.* Und wie die spezifische musikalische Mitteilung – die Melodie – im *Wechsel* der Töne entsteht, so entsteht auch die kinetische Mitteilung, die kinetische Melodie im *Wechsel* solcher klar bestimmter kinetischer Gestalten.

Die notwendige Klarheit kinetischer Gestalten im Theater ist indes nicht zu verwechseln mit semantischer *Eindeutigkeit.* Auch und gerade wenn man mit Bewegungen arbeitet, die in keine konventionale, semantische Klassifikation einzuordnen sind und sich einer Übersetzung ins Verbale widersetzen, gilt es, entschieden das Unübersetzbare in seiner größtmöglichen Klarheit hervortreten zu lassen, muss man den Punkt, wo die Bewegung ihren spezifischen Sinn in bestmöglicher Weise entfaltet, so scharf als möglich definieren. Gerade das Nicht-Verbalisierbare duldet keine Ungenauigkeit. Man denke nur an das Tanztheater von Pina Bausch: Die Vielschichtigkeit und Mehrdeutigkeit, die Gleichzeitigkeit von Tragik und Komik, all das ist nur möglich durch die kinetische Präzision der Tänzer. Wenn es hingegen nur darum geht, den konventionellen, begrifflichen Sinn einer typischen Gebärde zu vermitteln, so kommt es in der Regel auf die allermeisten Einzelheiten überhaupt nicht an – sowenig als es für das bloße Erkennen eines Wortes auf Tonfall, Rhythmus und Stimme des Sprechers ankommt.

Der Wechsel der einzelnen kinetischen Gestalten kann, wie der Wechsel der Töne in der Musik, ein plötzlicher, unmittelbarer sein (staccato) oder ein mehr oder weniger fließender (portato/legato). Von solchen fließenden Übergängen abgesehen aber sind die gesamten Bereiche zwischen den Gestalten, das heißt all das, was weder präzise die eine noch präzise die andere Gestalt ist – was zum Beispiel weder präzise *diese* noch präzise *jene* Bewegungsrichtung ist –, ebenso wie die Bereiche zwischen zwei definierten Tönen einer musikalischen Skala, »daneben«, falsch, *tabu*. Der aus den physischen Parametern gebildete Raum ist, ebenso wie der Intonationsraum in der Musik, inhomogen, diskontinuierlich, durch *Schwellen* gegliedert. Nur einzelne bestimmte Punkte in ihm sind *in tune*, die unendliche Menge der übrigen Möglichkeiten ist *out of tune*.

Bei einer Probe geht es darum, sich durch solche merkwürdigen Räume hindurch den verborgenen und seltenen Punkten entgegenzutasten, wo alles *in tune* ist. So schält sich aus der unübersehbaren Menge des Belanglosen und Falschen langsam eine bestimmte Bewegung heraus, die in ihrem theatralen Zusammenhang eine bestimmte Mitteilungskraft, eine Wirkung in der Aufmerksamkeit des Zuschauers, eine Bedeutung hat. Nun stelle ich fest, dass, wenn ich gewisse Parameter der Bewegung leicht modifiziere, diese Wirkung entweder nachlässt, verwässert oder klarer, intensiver wird oder plötzlich vexierbildartig in einen vollkommen anderen Sinn umschlägt. Ich stelle fest, dass es tatsächlich einen präzisen Punkt gibt, wo die Bewegung *in tune* ist, wo sie ihren spezifischen Sinn in der besten Weise entfaltet.

In jeder theatralen Neuschöpfung muss so herausgefunden und bestimmt werden, was *in tune* und was *out of tune* ist, müssen eigene Skalen geschaffen werden.

Indessen gibt es in traditionell gebundenen Theaterformen wie den asiatischen, analog zu überlieferten musikalischen Systemen, präzise definierte *Codices*, die eindeutig bestimmen, wann eine Bewegung *in tune* ist und wann nicht. Solche Codices sind zwar einerseits geschlossene kulturspezifische Systeme; sie haben aber darüber hinaus – wie etwa auch die Tongeschlechter der abendländischen Musik oder die indischen Ragas – einen bestimmten anthropologischen Sinn, eine universal gültige geistige Wirkung, die auf fundamentalen Resonanzen des menschlichen Wahrnehmungsvermögens beruht.[24]

Die entschiedenere Wirklichkeit

Kaum ein Theater der Welt hat es zu einer so unerhörten Differenzierung und Intensivierung körperlichen Ausdrucks gebracht wie das balinesische. Was dort in den theatralen Raum tritt, geht weit über das hinaus, was wir als menschlich zu definieren gewöhnt sind. Die Tänzer durchlaufen eine vollständige Verwandlung, und zwar nicht von einem Menschen in einen anderen Menschen (wie man bei uns im Theater eine Rolle spielt), sondern von einem Menschen in ein Wesen *von entschiedenerer, schockierenderer Wirklichkeit.*[25]

Diese Wesen unterscheiden sich vom Bereich der alltäglichen Wirklichkeit durch eine radikal andere Motorik und einen vollkommen anderen *Rhythmus der emotionalen Zustände*, einen Rhythmus, der in seinen abrupten, schnellen und zugleich unfassbar leichten Wendungen den Launen der Elemente zu folgen scheint.

Was diesen Wesen eine derart entschiedene Präsenz gibt, sind in sich höchst raffinierte kinetische Gestalten. In diesen Gestalten lassen sich einige Prinzipien erkennen, die auch in vielen anderen Theaterkulturen zu finden sind.[26] Dazu gehören zum Beispiel:

– Die Schaffung besonderer Gleichgewichtszustände. Während der Körper im außertheatralen Bereich in der Regel nach maximaler Stabilität sucht, muss er im Theater, um die Aufmerksamkeit von Zuschauenden zu gestalten, häufig eine weniger bequeme Verteilung des Gewichtes und eine Reduktion des Bodenkontaktes suchen.

– Die Ausweitung des szenischen Körpers. Dazu gehört auch eine Reduktion der *Eigenkontakte*, also von Beinen und Armen untereinander und im Verhältnis zum Rumpf, besonders auch der Hände untereinander und im Verhältnis zu Rumpf und Kopf, sowie eine besondere *Gegenwärtigkeit* von Händen und Füßen im Raum.

– Beteiligung des ganzen Körpers. Während große Teile des Körpers an der Ausführung vieler Handlungen im außertheatralen Bereich schon aus Gründen der Kräfteökonomie überhaupt nicht beteiligt sind, verlangt die *Mitteilung* von Handlung häufig einen weit weniger ökonomischen Gebrauch des Körpers. Das heißt auch, dass bei der Darstellung von Handlungen, die im außertheatralen Bereich nur durch die Extremitäten ausgeführt werden, der gesamte Rumpf miteinbezogen wird.[27]

– Isolation. Umgekehrt aber sind im außertheatralen Bereich an vielen Handlungen eine Unzahl von Gelenken beteiligt, deren Bewegung für die Mitteilung ausgesprochen irrelevant ist und nur vom Wesentlichen ablenkt. Hier gilt es, die Bewegung auf das Essentielle zu reduzieren, wenn nötig auf die Bewegung eines einzigen Körperteiles. Eine solche Konzentration wirkt wie ein Vergrößerungsglas, wie ein filmisches *Close-up*, sie gibt dem Detail, indem sie es isoliert, eine besondere Relevanz.

– Gleichzeitigkeit von Gegensätzen. Im außertheatralen Bereich neigt der Körper oft dazu, nur eine *pauschale* Ausrichtung, ein *pauschales* Tempo und einen *pauschalen* Spannungszustand, die allesamt in allen seinen Teilen mehr oder weniger gleich sind, anzunehmen. Szenische Präsenz kommt dagegen nicht zuletzt durch Vielschichtigkeit, durch eine innere Differenzierung der kinetischen Gestalten zustande, also durch:

- die Gleichzeitigkeit verschiedener *Bewegungsrichtungen* im Körper
- die Gleichzeitigkeit verschiedener *Geschwindigkeiten* im Körper
- die Gleichzeitigkeit verschiedener *Spannungszustände* im Körper.

Neben diesen innerkörperlichen Gegensätzen ist es der reich nuancierte rhythmische *Wechsel* der Bewegungsrichtungen, Geschwindigkeiten und Spannungszustände, durch den eine vielschichtige szenische Präsenz zustande kommt.

Differenz

Nur durch *Differenz* kann ich Bedeutung schaffen: Differenz zwischen Körper und Raum, Differenz innerhalb des

Körpers, Differenz zwischen einander folgenden kinetischen Gestalten. Motorische Differenzierung schafft *Bedeutungsfähigkeit*. Ein mit den Händen in den Hosentaschen in einem Sessel hängender Mensch hingegen bildet in sich einen Anblick minimaler Differenzierung, maximaler motorischer Entropie, also des szenischen Wärmetodes (wobei seine Erscheinung im Verhältnis zu anderen Bühnenvorgängen natürlich wieder eine Differenz bilden kann). Manche Schauspieler suchen diese Behaglichkeit; denn die Differenz, das Hervorstehen einer Hand, die Capricen eines Fußes, fallen ins Auge, sie sind *gefährdet*, sie bieten der Kritik Angriffspunkte.

Auf eben diese Gefährdung aber kommt es an. Denn die Qualität einer Arbeit zeigt sich gerade darin, dass in ihr jeder Fehler eklatant ins Auge springt, dass die Schwellen zwischen Gelungenem und Misslungenem schärfer hervortreten, dass die Gefahr abzustürzen groß ist. Je höher organisiert ein Lebewesen ist, desto mehr Tode kann es sterben.

Im Bereich motorischer Diffusität hingegen scheint alles gleichermaßen möglich, nichts ist falsch und nichts richtig, alles ist erlaubt. Um überhaupt erst einmal in einen Bereich zu kommen, wo *richtig* und *falsch* unterscheidbar werden, muss zumindest *ein* Richtiges, *ein* klar bestimmter, präzise getroffener Ton da sein, an dem sich andere bewähren können und müssen.

Zeit

Die Organisation von Bewegung als Mitteilung verlangt die Herauslösung der Handlungen aus ihrem gewöhnlichen pragmatischen Fluss, aus ihrer reflexartigen Verkettung von *actio* und *reactio*, und die Eröffnung einer eigenen *Darstel-*

lungszeit. Der Darsteller kann und muss sich für alles, was er auf der Bühne tut, so viel Zeit nehmen, als er *zur Darstellung* braucht. Er darf sich, wenn er seine Fähigkeit zur Mitteilung nicht an einem entscheidenden Punkt blockieren will, keinen pragmatischen, außertheatralen Begriffen der Dauer unterwerfen. So wird er vieles wesentlich langsamer tun, als es außerhalb des Theaters je getan wird, manches aber auch, was sich im außertheatralen Bereich über Stunden erstreckt, durch einige rasche, gezielte Gesten abhandeln. Und er wird Pausen, *Interpunktionen*, einführen, durch die die Handlung eine klare Struktur bekommt.

Vor allem aber wird er auch vieles, was im außertheatralen Bereich *gleichzeitig* geschieht, in ein klar gegliedertes *Nacheinander* deutlich voneinander abgehobener Einzelvorgänge auflösen, so dass jedes Detail Raum hat, um seinen spezifischen Sinn zu entfalten.

Der szenische Körper

Im außertheatralen Bereich sind Bewegungen zum größten Teil durch Gewohnheiten organisiert. Nur die Gewohnheiten ermöglichen es dem Körper, seine eigene Komplexität zu bewältigen, nur durch Gewohnheiten können die Handlungen in der nötigen Entschlossenheit, Schnelligkeit und Reibungslosigkeit ablaufen. Die bewusste Aufmerksamkeit kann nur sehr wenige Vorgänge gleichzeitig im Fokus behalten, sie kann unmöglich die Arbeit der 656 Muskeln des menschlichen Körpers zugleich kontrollieren – geschweige denn in eine sinnvolle Ordnung bringen.

So schaffen die Gewohnheiten, indem sie die bewusste Aufmerksamkeit von der Sorge um die Körperkoordination entlasten und für die Organisation größerer Handlungszusammenhänge freihalten, überhaupt erst die menschliche Handlungsfreiheit. Der Preis dieser Freiheit auf einer höheren Integrationsebene ist indes eine gewisse Unfreiheit auf der Ebene der motorischen Koordination: Zwar geht alles, solange nur die gewohnten Handlungsabläufe gefragt sind, mit großer Leichtigkeit und *wie von selbst*, der Handelnde bemerkt keinerlei Einschränkung seiner Bewegungsfreiheit; sobald es aber für ihn notwendig wird, etwas in einer anderen als der gewohnten Weise zu tun, sobald er gewisse Einzelheiten oder auch größere Zusammenhänge bewusst verändern soll, stellt er fest, dass der Körper seinem Willen nicht folgen kann, dass er den neuen Handlungsablauf erst mühsam *erlernen* muss.

Der Darsteller nun, dessen Aufgabe es ist, seine Physis bis ins Detail als Mitteilung zu organisieren, muss lernen, jede seiner Bewegungen von den Augenbrauen bis zu den Zehenspitzen mit bewusster Aufmerksamkeit frei kontrollieren zu können. Jede Gewohnheit, jeder eingeschliffene Handlungsablauf, alles, was für ihn seit jeher selbstverständlich und »natürlich« ist, kann diese für ihn unentbehrliche Freiheit nur einschränken.[28]

Der Darsteller muss also zunächst einen seiner eigenen gewohnheitsgemäßen Natur *entgegengesetzten* Weg gehen, er muss seinen alten gewohnten außertheatralen Körper *einschmelzen* und zu einem neuen, *szenischen* Körper wieder zusammenfügen. Dieser szenische Körper ist nicht der Körper einer bestimmten Rolle, sondern ein überhaupt erst *zur Verwandlung fähiger* Körper.

Die Fähigkeit zur bewussten präzisen Körperbeherrschung ist aber nur der erste Schritt. Der zweite ist das *Selbstverständlichwerden* der Beherrschung und ihr Freiwerden für

Intuition und Spontaneität. Denn im szenischen Geschehen nützt Körperbeherrschung wenig, wenn von ihr die ganze Aufmerksamkeit des Schauspielers oder Tänzers – und damit auch die des Zuschauers – absorbiert wird. Die Aufmerksamkeit des Darstellers muss in jedem Moment frei und offen für den Raum, für seine Mitspieler, für die Zuschauer und für seine eigene Imagination sein und in all diesen Beziehungen anpassungsfähig bleiben. Will der Darsteller die Aufmerksamkeit der Zuschauer nicht auf die Technik selbst lenken, sondern auf das hinter ihr Liegende, Unsichtbare, auf den Inhalt der Darstellung, so muss ihm die Ausführung seiner Bewegungen leicht und selbstverständlich sein. Es verhält sich ähnlich wie beim Erlernen eines Instruments: Erst das Selbstverständlichwerden der Technik erlaubt die Freiheit der Interpretation und der Improvisation.

Wir neigen dazu, bewusste Fähigkeiten höher zu bewerten als unbewusste. In diesem Fall aber zeigt sich, dass der Lernvorgang des Unbewussten, der dem Selbstverständlichwerden zugrunde liegt, oft wesentlich schwieriger und langwieriger ist als der ihm vorausgehende Schritt der Bewusstwerdung. Beide Schritte sind notwendig. Unbewusste Gewohnheit, die nicht Analyse und Demontage durchlaufen hat, bleibt wandlungsunfähig. Die synthetische Remontage durchanalysierter Einzelheiten aber bringt keinen lebendigen szenischen Körper hervor, durch den die Bewegungen des Geistes ungehindert fließen können. Der Kleist'sche Durchgang durch ein unendliches Bewusstwerden muss schließlich, um vollständig zu werden, wieder das Unbewusste erreichen.

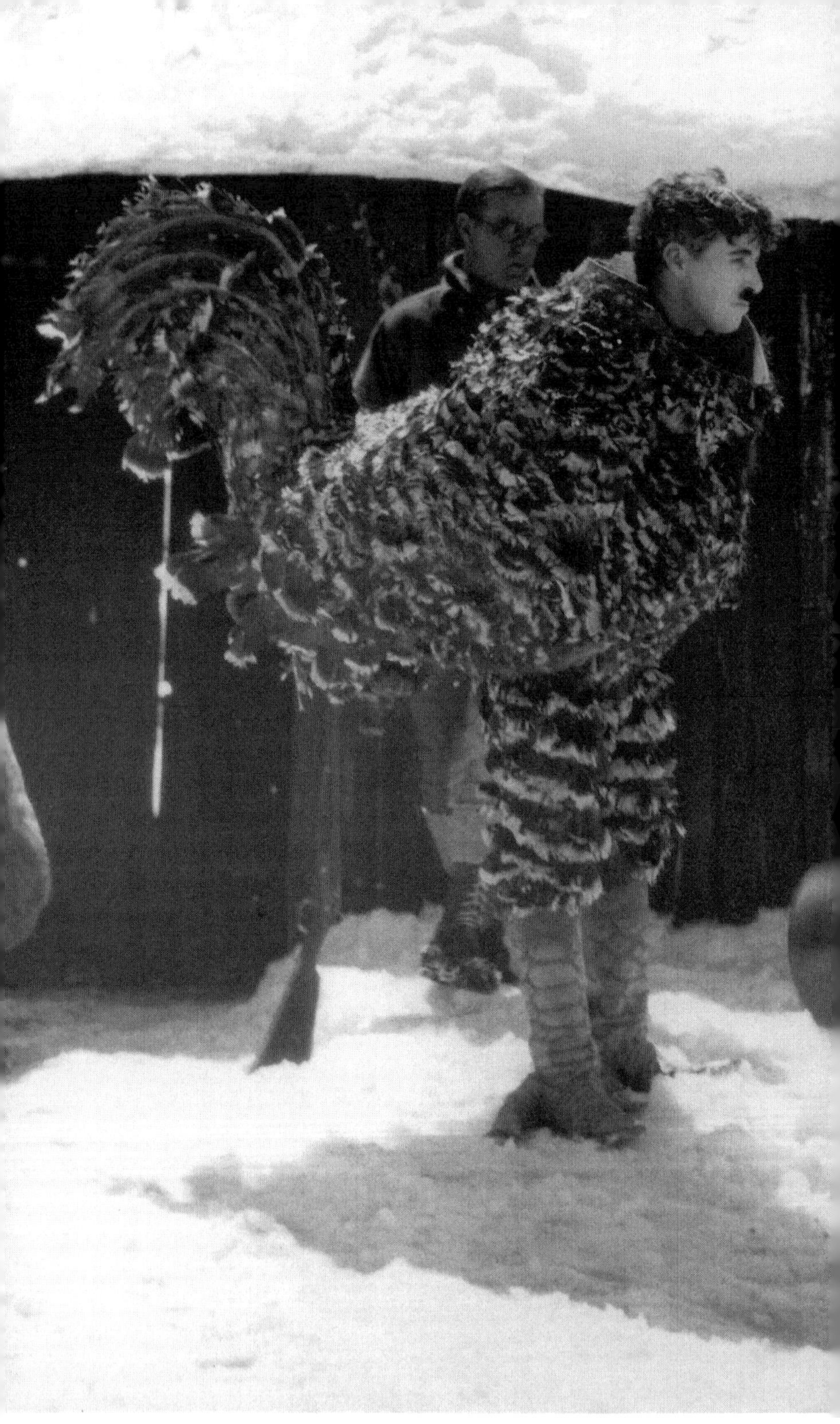

V. IMAGINATION UND CHARAKTER

In Chaplins Film *The Gold Rush* wird ein Goldgräber so von Hunger geplagt, dass er Charlie, den Helden des Films, plötzlich als gigantisches Huhn sieht und daraufhin mit der Absicht verfolgt, den Leckerbissen in den Kochtopf zu befördern. Jede Reaktion des Opfers deutet er als Geste eines Huhns: Wenn es läuft, läuft ein Huhn; wenn es sich ihm in den Weg stellt, steht da ein Huhn, und so weiter. Die Sache ist in sich vollkommen konsistent: Der Verfolger nimmt die realen Bewegungen seines Opfers sehr genau wahr, er fantasiert keine Bewegungen hinzu und er muss keine aus seiner Wahrnehmung ausblenden, es ist ein lebendiger Kontakt, eine echte Beziehung, eine Wechselwirkung da, nur dass der Goldgräber eben alles im Interpretationshorizont seiner »verhühnerten« Weltsicht deutet.

Die Gleichzeitigkeit von Realität und Imagination, ihre gegenseitige Durchdringung, ist die Essenz aller schauspielerischen Arbeit. Nehmen wir die Begegnung Hamlets mit dem Geist seines Vaters. Der Darsteller des Hamlet sieht seinen Kollegen in der Rolle des toten Königs hereinkommen. Dieser Vorgang an sich ist für den Hamlet-Darsteller natürlich vollkommen banal, selbst wenn sein Kollege sehr überzeugend spielt, denn der Kollege ist weder gestorben, noch ist er sein Vater noch König noch Geist. Der Hamlet Darsteller muss ihn erst in der Vorstellung zu all dem machen, er muss ihn mit Imaginärem durchtränken, damit er selbst überhaupt *als Hamlet* reagieren kann. (Was ihn zum Hamlet macht, ist, was er aus seinem Gegenüber macht.) Wozu er in Beziehung tritt, ist nicht das auf der Bühne

Vorhandene an sich, nicht sein Kollege an sich, sondern ein von ihm in die Farben des Gespenstseins, des Vaterseins, des Königseins, des Totseins getauchter Kollege.

Diese Einfärbung aber trübt nicht die Wahrnehmung der realen Bühnengeschehnisse, sondern schärft sie im Gegenteil in besonderer Weise. Denn jeder Schritt des anderen ist für den Darsteller des Hamlet jetzt nicht mehr ein Schritt von irgendwem, sondern der Schritt *seines* toten Vaters und Königs.

Wo aber nehme ich die konkreten bildlichen Vorstellungen her? »Vater«, »Gespenst«, »Toter«, »König« sind ja zunächst nichts als Worte.

Vielleicht hat dieser Vater den jungen Hamlet öfter geschlagen. Dann wird der Darsteller des Hamlet die rechte Hand seines auftretenden Kollegen in bestimmter Weise beobachten, er wird dort die von dicken, harten Adern überzogene Pranke erkennen, der er immer sofort ansah, wenn sie gleich zum Gürtel griff. Mehr noch als die Hand wird er aber die Augen des Kollegen daraufhin befragen, in welcher Stimmung und Absicht er gekommen ist.

Oder der Vater war für Hamlet stets ein Vorbild an Stärke und Klugheit; und jetzt muss der Sohn sehen, wie vor ihm ein armseliges Gespenst steht, ein gepeinigtes Opfer, vom Morgenlicht gescheucht, unfähig sich zu wehren. Er wird unter dieser Voraussetzung auf jedes Zeichen von Schwäche besonders empfindlich reagieren; die Kraftlosigkeit einer Hand oder die Unstetigkeit des Blicks werden für ihn Risse sein in der Welt, wie er sie bisher kannte.

Für den Schauspieler folgen hier je nach den Vorstellungen, die er in die Gestalt seines Gegenübers einwebt, ganz präzise Impulse und Handlungen, und er muss nicht darauf verfallen, pauschal so etwas wie »Angst« darzustellen, was immer nur in Form von konventionellen Gebärden möglich ist. Und er muss auch nicht darauf warten, dass ihm sein Kollege *an sich* Angst einjagt.

Der Eindruck eines Charakters ergibt sich daraus, auf wen oder was jemand wie reagiert. Wenn ich wissen will, wer Hamlet ist, muss ich fragen, wie er auf was reagiert.[29] Wie er reagiert, ist aber davon abhängig, wie er wahrnimmt. Und Wahrnehmung ist niemals bloße Registrierung von an sich Vorhandenem, sondern beinhaltet immer schon eine Deutung von etwas *als etwas*. Der Hamlet-Darsteller kann den hereinkommenden Mann im Harnisch in dem Deutungshorizont »Da kommt ja schon wieder der Kollege …« wahrnehmen oder aber als eine absolut unerhörte, nie dagewesene Erscheinung.

VI. KAUSALITÄT

1. Kausalität in der Welt der Lebewesen

Eine Frau blinzelt einem Herrn am Nebentisch zu; daraufhin wirft ihr Mann den Tisch um und verlässt tobend das Lokal. Ist das nicht ein merkwürdiges Universum? Ein beliebig kleines Ereignis kann eine beliebig große Reaktion auslösen. Die Hand eines Schiedsrichters geht in die Höhe; daraufhin bricht in den Rängen einer Arena ein gewaltiges Gewoge los. Die Welt der Menschen gleicht nicht der Welt der Physik. Wenn ich einen Stein bewegen will, so muss ich dazu physische Kraft aufwenden, und es lassen sich Proportionen zwischen der aufgewendeten Kraft und der Wirkung, die ich hervorbringe, aufstellen. Wenn ich einen Menschen bewegen will, kann ich das natürlich auch auf physikalische Weise tun, und zwar am besten dann, wenn er tot ist; will ich mir aber dazu beispielsweise einen lebenden Passanten greifen, so werde ich feststellen, dass er auf physikalisch unbegreifliche Weise reagiert, dass es merkwürdige *Rückstöße* gibt, dass ich seine Bewegung einfach nicht auf kontrollierbare Weise *bewirken* kann. Andererseits aber stelle ich fest, dass unter gewissen Umständen eine winzige Geste genügt, um einen anderen auch zu sehr weitreichenden Handlungen zu veranlassen.[30]

Die Welt der Menschen ist, wie die Welt jedes Lebewesens, durch *Bedeutung* organisiert. Bedeutung, im weitesten Sinn, hat, was nicht-proportionale Wirkungen hervorrufen kann. Für ein Kartenhaus kann jede meiner Bewegungen im Raum plötzlich eine besondere Wirkung hervorrufen, eine Wirkung, die in keinem proportionalen Verhältnis zur Schwere meiner Schritte, meines Atems usw. steht: Meine Schritte, mein Atem können für das Kartenhaus *Bedeutung* haben. Damit nicht-proportionale Wirkungen möglich sind, ist die Existenz eines thermodynamischen *Potentials*, eines *gleichgewichtsfernen Zustandes* Voraussetzung. Lägen die Karten alle flach auf dem Boden, blieben meine Bewegungen bedeutungslos, *irrelevant.* Der Chemie-Nobelpreisträger Ilya Prigogine, der gleichgewichtsferne Systeme erforscht hat, formulierte es so: »Mit einer etwas anthropomorphen Ausdrucksweise könnte man sagen, dass die Materie unter gleichgewichtsfernen Bedingungen beginnt, *Unterschiede* in der Außenwelt *wahrzunehmen*, die sie unter Gleichgewichtsbedingungen nicht spüren konnte. Im Gleichgewicht ist die Materie sozusagen ›blind‹.«[31]

Was wir tote Materie nennen, kann zwar unter gleichgewichtsfernen Bedingungen auf winzige Unterschiede hypersensibel reagieren; diese Reaktion aber besteht immer in einem Zusammenbruch, einem *Abbrennen* in Richtung des Gleichgewichts, in Richtung eines geringeren Potentials, einer geringeren Differenzierung. Die Besonderheit von Lebewesen besteht darin, dass sie auf Unterschiede mit einer *Erhöhung* der Differenzierung, einem Anstieg des Potentials reagieren können. Das Kartenhaus kann zwar schon beim leisesten Windhauch in sich zusammenstürzen, sich aber niemals auf diese Weise *aufbauen.* Ein menschliches Wesen hingegen kann durch weniger als einen Windhauch – zum Beispiel durch den Blick eines anderen Menschen – zu gewaltigen konstruktiven Handlungen bewegt werden. Wenn ich einen Stein sanft berühre, kann ich ihn höchstens einen Berg hinunterrollen lassen; wenn ich aber einen Menschen sanft berühre, bewege ich ihn vielleicht dazu, einen Berg hinaufzusteigen.

Bedeutung ist nicht nur ein nicht-proportionaler, sondern auch ein nicht-deterministischer Ursache-Wirkungs-Zusammenhang. Der Blick der Frau *bewirkt* die Leiden, Freuden und seltsam unproportionalen Handlungen des Mannes in keiner irgendwie vorhersehbaren und wiederholbaren Weise.

Wenn wir also bei Lebewesen von »Kausalität«, von »Ursache« und »Wirkung« sprechen, müssen wir uns klar sein, dass wir es immer mit dreierlei zu tun haben: »Ursache« – WAHRNEHMUNG – »Wirkung«, wobei die Wahrnehmung überhaupt erst bestimmt, was wann in welchem Maße und in Hinsicht auf welche »Wirkung« *relevant*, das heißt »Ursache« sein kann.

Ein lebendiger Organismus ist ein *geistiges Gefüge*, eine Organisation von aufeinander bezogenen, voneinander abhängigen gleichgewichtsfernen – und das heißt: *wahrnehmungsfähigen* – Zuständen und Vorgängen. Die Bedeutung einer Sache, einer Erscheinung, ist ihre *Wirkung* in einem solchen geistigen Gefüge.

Ein derartiger Organismus gleicht nicht einer Hebelapparatur, an der sich durch gezielte Eingriffe determinierbare und zum Eingriff proportionale Wirkungen erreichen lassen. Ein geistiges Gefüge ist ein sich selbst mit Energie versorgendes *Aktivum*, das sich ständig in einer hochstrukturierten Eigenbewegung befindet. So kann, einerseits, die kleinste Kleinigkeit darin eine gewaltige, vollkommen unproportionale Wirkung entfalten. Andererseits stabilisiert die Eigenbewegung das Gefüge auch, so wie ein Rad durch seine Drehung Stabilität gewinnt. Jedes Lebewesen, jedes geistige Gefüge ist auf diese Weise durch eine bestimmte Mischung von Sturheit und Hypersensibilität charakterisiert.

Es wird in vielen Belangen selbst von grobmechanischen Eingriffen kaum beeinflusst, reagiert aber, an bestimmten anderen Punkten, ausgesprochen neuralgisch. (»Trieb« und »Instinkt« zum Beispiel lassen sich als komplexe Gefüge solcher neuralgischen Punkte denken, ebenso wie »Charakter« und »Persönlichkeit«.)

2. *Kausalität im theatralen Bereich*

Im Theater nun kehren sich die Verhältnisse vollkommen um. Denn während im außertheatralen Bereich die besondere Bewegungs- und Reaktionsweise eines geistigen Gefüges von seiner inneren Organisation – seinem *Charakter* – bestimmt wird, entsteht im Theater der Charakter, das Gefüge erst aus der Darstellung einzelner Sequenzen von *actio* und *reactio* – und zwar *im Geiste der Zuschauer*. Autor, Regisseur und Darsteller *erfinden* hier vollkommen frei, was worauf folgt, was was »bewirkt«, wer oder was wann wo und in welcher Hinsicht neuralgisch reagiert, mit anderen Worten: was für wen in welcher Hinsicht *relevant* ist. Und indem sie dies alles erfinden, indem sie einzelne nicht-proportionale Ursache-Wirkungs-Sequenzen zeigen, kann es ihnen gelingen, im Geiste der Zuschauer *Kontexte* zu evozieren, die weit über das Gezeigte hinausreichen, können aus einzelnen sichtbaren Partikeln *unsichtbare* geistige Gefüge entstehen – von einzelnen Gestalten und Charakteren bis zu vollständigen Welten.

A hebt einen kleinen Stein vom Bühnenboden auf; *daraufhin* sackt B wie unter einer plötzlichen Last ein Stück zusammen. Einem Zuschauer mag es unwillkürlich scheinen, dass zwischen beiden Vorgängen ein bedeutsamer Zusammenhang besteht, dass B zusammensackt, *weil* A den Stein aufhebt. *Behauptungen* von Ursache-Wirkungs-Zusammenhängen durch Synchronizität *schaffen Bedeutung*. Dabei geht es nicht nur um makrodramaturgische Strukturen, sondern immer auch um die kleinteiligen und subtilen Folgen von *actio* und *reactio* im Zusammenspiel der Darsteller. Für die Bedeutung der Szene zwischen A und B zum Beispiel kommt alles darauf an, erstens, *wie* A den Stein hebt, in welchem Tempo, in welchem Rhythmus, *ob* sie B dabei ansieht, *wie* sie ihn ansieht, *wie* sie den Stein fasst, und so weiter; zweitens, wie B auf jedes einzelne dieser Details *reagiert*, was er an diesem Vorgang in welchem Maße und in Hinsicht auf welche »Wirkung« als für ihn relevant, als »Ursache« *bestimmt*. Wenn B zum Beispiel bereits auf einen dem Heben des Steines vorausgehenden Blick von A durch ein leichtes Zurückweichen reagiert, teilt er mit, dass er, B, bereits *weiß* oder zumindest ahnt, welche Konsequenzen die folgende Handlung haben kann. Reagiert er hingegen erst auf das Heben des Steines selbst, so scheint es, dass für ihn alles vollkommen überraschend geschieht. Durch Hinzufügen, Weglassen oder Verschieben eines auch noch so minutiösen Reaktionsverhältnisses können also ganz verschiedene Mikrouniversen entstehen.

Solche Bestimmungen von Ursache-Wirkungs-Verhältnissen liegen indes nicht auf der Hand, sie ergeben sich nicht von selbst, sondern sind das Ergebnis einer besonderen *erfinderischen, imaginativen Aktivität* der Darsteller.

Je spezifischer B nun solche Verbindungen, solche neuralgischen Punkte, bestimmt, desto differenzierter wird sein Spiel, desto mehr kann er mitteilen. Und er verleiht zugleich, indem er auf bestimmte kleine Handlungen von A in besonderer Weise reagiert, diesen Handlungen *Relevanz*, hebt sie wie durch ein Vergrößerungsglas hervor.

Das alles aber heißt: Die Bedeutung dessen, was A auf der Bühne tut, hängt nicht nur von ihr selbst, *sondern immer auch von B ab*. Es ist für sie absolut unmöglich, die Relevanz ihrer Bewegungen *selbst zu spielen*, sie ist, ob sie will oder nicht, auf die seismographischen Reaktionen ihres Mitspielers angewiesen. Bleiben diese Reaktionen aus, dann agiert sie hilflos in einem beziehungslosen Raum. Erst wenn ihr Mitspieler Details ihrer Bewegungen *als für sich relevant* bestimmt und entsprechend reagiert, hat sie einen wirklichen Gegenpart, ein *Feedback*, an dem sich auch die eigenen Handlungen bewähren können und müssen.

Umgekehrt ist auch B darauf angewiesen, dass A überhaupt erst Details *liefert*, denen er, B, dann Relevanz *verleihen* kann. Sind die Bewegungen von A zu amorph, sind sie in irgendeiner Beziehung *out of tune*, sind sie zu schnell oder zu langsam, zu groß oder zu klein, dann hat er kaum eine Chance *bedeutsam* zu reagieren. Die Schaffung eines bedeutsamen szenischen Vorgangs zu zweit oder zu mehreren ist also nur möglich, sofern es sich die Beteiligten gegenseitig ermöglichen, einander Relevanz zu verleihen.

Um einen bestimmten Charakter – also eine Figur, die an bestimmten Punkten *hypersensibel* reagiert – auf der Bühne zu schaffen, muss ein Darsteller jederzeit *aktiv* und frei, das heißt ohne Rücksicht auf das, was »normalerweise« der Fall ist, definieren können, was worauf folgt, was was im theatralen Zusammenhang *bewirkt*. Sobald er das, was gewohnlich außerhalb des Theaters der Fall ist – genauer gesagt: das, was man außerhalb des Theaters für »normal« und »natürlich« *hält* –, zum Maßstab seiner Arbeit macht, beraubt er sich der notwendigen Freiheit, Ereignisfolgen *um der Mitteilung willen* zu erfinden und zu gestalten, verurteilt er sich zur Reproduktion dessen, was ohnehin allen längst bekannt ist, wird sein Charakter zu einem Klischee. Dass niemand jemals einen Menschen außerhalb des Theaters beobachtet hat, der wie unter einer plötzlichen Last zusammensackte, *weil* ein anderer gerade einen kleinen Stein aufhob, ist also eine für die szenische Arbeit zunächst vollkommen belanglose Aussage.

Die Aufgabe von Schauspielern und Tänzern besteht darin, ein geistiges Gefüge zu schaffen, in dem alles, was geschieht, für alles andere *relevant* werden, *Bedeutung* bekommen kann – und das heißt auch: dass keine besondere *physikalische* Energie notwendig sein darf, um, erstens, einen anderen Darsteller zu bewegen, und, zweitens, die geistige Aktivität der Zuschauer zu bewegen.

Solange Darsteller einander wie physikalische Körper behandeln, solange sie sich gegenseitig durch Schieben, Zerren, Werfen und dergleichen zu irgendetwas bewegen wollen, solange sie sich auch nur durch Schieben, Zerren und Werfen bewegen *lassen*, kann es ihnen nicht gelingen, untereinander einen nicht-physikalischen Wirkungszusammenhang, ein Bedeutungsgefüge zu schaffen. Um das zu leisten, muss, was A tut, für B *auch auf größte Entfernung* relevant sein können. (Das bedeutet natürlich nicht, dass physischer Kontakt auf der Bühne keinen Platz hat; er ist aber, ebenso wie der Bodenkontakt, mit Sorgfalt zu gebrauchen.)

Analoges gilt auch für das Verhältnis des Darstellers zum Publikum. Solange er auf die Anwendung besonderer physikalischer Energie setzt, um Zuschauer zu bewegen, solange er sich aufs Schreien, Auf-dem-Boden-Wälzen, Sich-die-Kleider-vom-Leib-Reißen und dergleichen verlegt, in der Hoffnung, eine irgendwie proportionale emotionale Wirkung im Publikum hervorzurufen, kann es ihm nicht gelingen, einen geistigen Zusammenhang zu schaffen, einen Zusammenhang, in dem die kleinste Bewegung äußerste Relevanz haben kann.

Makrodramaturgie

Wie aber kommt es nun, dass es einem Zuschauer scheinen mag, B sacke zusammen, *weil* A den kleinen Stein aufhebt? Wie kommt es, dass die Zuschauer die beiden Vorgänge nicht als getrennt nebeneinander stehende, als nur durch ein »und«, ein »dann« oder ein »während« verbundene Ereignisse interpretieren, sondern als einen Ursache-Wirkungs-Zusammenhang?

Man versuche einmal, den Sinn von Wörtern wie »weil«, »also« oder »deshalb« durch Gesten darzustellen. Es ist unmöglich. Man kann nur zwei konkrete Vorgänge so neben- oder hintereinanderstellen, dass eine Interpretation als Ursache-Wirkungs-Zusammenhang naheliegt. Im Fall von A und B besteht zu einer solchen Interpretation in zweifacher Hinsicht Anlass. Erstens sind die beiden Handlungen zeitlich *unmittelbar* und bis ins Detail aneinander gekoppelt. Zweitens spielt in beiden die *Idee von Schwere* eine besondere Rolle, und diese *ideelle* Gemeinsamkeit lässt beide leicht als zusammengehörig erscheinen.

Wenn ich aber zwei Handlungen, die weder zeitlich noch ideell spürbar aufeinander bezogen sind, hintereinandersetze, wenn ich zum Beispiel zeige, dass A einen kleinen Stein aufhebt und B *etwas später* wie unter plötzlichen Kopfschmerzen seine Hand zur Stirn führt, dann wird ein Zuschauer daraus zunächst nur ein bloßes »und« oder »nachdem« herauslesen. Erst wenn ich eine solche Folge an anderer Stelle, in einem anderen Zusammenhang *wiederhole*, verdichtet sich die Bindung der Glieder im Geiste der Zuschauer nach und nach zu einem bedeutsamen Zusammenhang.

Die Schaffung von Mustern solcher Wiederholungen oder Variationen ist der Königsweg zu einer *musikalischen Dramaturgie*, einer Dramaturgie, die nicht in der Reproduktion der außertheatralen Semantik besteht, sondern in der Schaffung von Feldern, die eine vielschichtige *geistige Resonanz* hervorrufen können.

VII. KULTUR

Eine lebendige Kultur ist ein überindividuelles geistiges Gefüge, eine Art Lebewesen, keine bloße Ansammlung von Werken, keine *Summe von Geleistetem.* Werke sind in einem solchen Gefüge *Brennpunkte* für kollektive geistige Strukturen und Prozesse. Die Aufführung eines Dramas, die Herstellung eines Bildnisses dient dazu, diese Struktur immer neu zu vergegenwärtigen – und, wenn nötig, zu erweitern und zu transformieren. Aus der Gegenwärtigkeit dieser geistigen Struktur speist sich auch der ethische und soziale Zusammenhang.

Das balinesische Theater ist dafür ein prägnantes Beispiel. Ein beträchtlicher Teil der Theaterpraktiken ist dort Teil eines hochkomplexen gesellschaftlichen Gewebes, das von der Organisation der Bewässerungssysteme bis zu den großen Ritualen und Festen reicht, die den balinesischen Kalender strukturieren. Das soziale Gefüge, die Ökologie der Reisterrassen, die Kosmologie und das Theater bilden einen innigen dynamischen Zusammenhang, ein Fließgleichgewicht: Kein Teil kann ohne den anderen existieren.[32] Das Theater ist hier keine bloße unterhaltende Zugabe zur Gesellschaft, sondern eine ihrer tragenden Säulen. Es ist, mit anderen Worten, *systemrelevant.*

Kulturen in diesem Sinne sind im Laufe der letzten fünfhundert Jahre durch die gewaltsame koloniale Expansion des Westens in unübersehbarer Anzahl zerstört worden und mittlerweile im Aussterben begriffen. Was bei uns heute noch »Kultur« genannt wird, ist etwas durchaus anderes, nämlich im Wesentlichen eine Ansammlung von Einzelleistungen, von *Kunst.*

Kunstschaffende bemühen sich zwar, etwas, das über ihre eigene Existenz hinaus relevant ist, hervorzubringen, befinden sich aber, da ein überindividuelles geistiges Gefüge nicht mehr existiert, in einer in mehrfacher Hinsicht problematischen Situation. Da sie sich nicht auf geistige Strukturen berufen können, die auch ohne ihre Arbeit existieren, muss ihr Werk *alles* leisten, das heißt sich selbst einen Kontext geben, ein eigenes geistiges Universum schaffen. Mit anderen Worten: Ein einzelner Mensch oder ein einzelnes Kollektiv, etwa ein Theaterensemble, muss in vergleichsweise kurzer Zeit das schaffen, was sonst eine ganze Gemeinschaft über unzählige Generationen hinweg schuf.

Dass dergleichen extrem schwierig ist und dementsprechend selten geschieht, liegt nicht nur an der zeitlichen Begrenzung, sondern auch daran, dass Kulturen nicht *vorsätzlich* entstehen, nicht durch bewussten Entschluss und dessen planmäßige Umsetzung, sondern auf *evolutionären* Wegen, Wegen, die zu einem beträchtlichen Teil unbewusst sind und sein *müssen.* Ein überindividuelles geistiges Gefüge lässt sich sowenig planmäßig *herstellen* wie ein Mensch selbst. Nun sind Kunstschaffende aber in der Regel, besonders dann, wenn sie ihre soziale und ökonomische Existenz in ihrem Künstlersein begründen, in einer Situation, wo sie sich *vornehmen* müssen, einen Sinnzusammenhang hervorzubringen. Diese bewusste Zwecksetzung kann die so unabdingbare evolutionäre Aktivität des Unbewussten sehr leicht verzerren oder vollkommen lähmen. Denn Kreativität ist, wie Evolution, dem Spiel verwandt: Sie setzt eine Lösung aus finalen Abläufen voraus.

Kunstschaffende befinden sich also in einem Paradox: Sie wollen und müssen lebendige geistige Zusammenhänge hervorbringen – das ist der *Ernst* –, gleichzeitig aber, damit solche Zusammenhänge überhaupt entstehen und wachsen können, den Ernst der Lage, sein Wollen und Müssen, *vergessen*. (Diese Situation hat eine formale Ähnlichkeit mit den Fällen X1 und X2 am *Baum des Wissens*.) Hier liegt auch der tiefere Grund dafür, dass viele wichtige Künstler und Theaterschaffende des 20. Jahrhunderts – von Max Ernst bis zu Pina Bausch –, Arbeitsmethoden entwickelt haben, die am Anfang der Arbeit inhaltliche Absichten aus dem Prozess eliminiert haben, um die notwendige Offenheit herzustellen. Pina Bausch begann die Proben stets ohne ein vorgefasstes Konzept, sondern mit Fragen an die Tänzer; und Max Ernst entwickelte, wie andere Surrealisten auch, Techniken, die den Zufall ins Spiel brachten, um den Raum für die Aktivität des Unbewussten zu öffnen. In keinem dieser Fälle war das Endprodukt in irgendeiner Weise beliebig oder zufällig; aber der Weg dorthin musste zunächst von den allzu engen Absichten des Bewusstseins befreit werden.

Wenn nun der Sprung aus diesem Paradox heraus in eine wirkliche Schöpfung gelingt, dann ist die Frage aber noch vollkommen unbeantwortet, ob und wie denn andere Menschen, die an dieser Schöpfung überhaupt nicht beteiligt waren, lebendiger Teil dieses Zusammenhangs werden sollen, wie also das Werk von Einzelnen zu einem Kondensationskern von Kultur werden soll. Denn es liegt nicht in der Hand der Künstler, Kultur zu *schaffen*. Wirkliche Kultur ist ein geistiger Zusammenhang, der *alle* Bereiche und Bezüge der Existenz durchdringt und verbindet. Sie entsteht nicht im Theater, im Konzertsaal oder im Museum, sondern in den Beziehungen der Menschen zueinander und zu den größeren, nicht-menschlichen Zusammenhängen, in die wir gestellt sind.

Theaterschaffende können dieses Dilemma nicht allein lösen, sie können den größeren geistigen Zusammenhang, in dem ihre Arbeit Relevanz bekommt, nicht selbst herstellen. Und da das, was die industriellen Gesellschaften zusammenhält, nicht in erster Linie kulturelle Inhalte sind – auch wenn das manchmal in der großen Inszenierung der »westlichen Wertegemeinschaft« behauptet wird –, sondern vor allem der Tausch von Waren (und der Ware »Arbeitskraft«), ist auch die künstlerische Produktion in diesen Verwertungszusammenhang gestellt. Selbst die öffentlich subventionierten Theater befinden sich in einer marktförmigen Situation verschärfter Konkurrenz.

Eine Auswirkung dieser Situation ist der Mengenexzess der Kulturgüterproduktion. Anstelle von Werken, die so gut sind, dass man sie auch nach vielen Jahren wiedersehen kann und will, wird – ganz analog zur Konsumgüterproduktion – eine ständig wachsende Menge immer schneller verfallender Produkte auf den Markt geworfen, von denen morgen schon niemand mehr weiß, dass es sie je gegeben hat.

Ein Theater, das zwölf oder gar 18 Premieren pro Jahr produziert (und produzieren muss, weil es sonst weniger Subventionen bekommt oder andere Einnahmeverluste erleidet), kann unmöglich – oder nur in sehr seltenen Glücksfällen – Arbeiten von einer Substanz hervorbringen, die genug Leuchtkraft besitzen, um dauerhafte Spuren in uns zu hinterlassen.

Einer der Gründe dafür ist sehr einfach. Der Text eines Theaterstücks ist kaum mehr als der Fußabdruck eines tatsächlichen Theaterabends, zu dem wir die vollständige Gestalt erst noch erfinden müssen. Verglichen mit einer Partitur in der Musik ist es nicht einmal eine Skizze, sondern lediglich ein Notat einzelner Töne einer einzigen Instrumentengruppe (nämlich des gesprochenen Worts), und auch das ohne Rhythmus, ohne Dynamik und ohne Phrasierung. Die Organisation der Physis in Raum und Zeit, die Intonation, die ganze unsichtbare Sphäre der Motivationen müssen erst noch komponiert werden. Es ist, als hätte uns Debussy von *La Mer* nur die Abfolge der Tonhöhen der Holzbläserstimmen hinterlassen. Welches Orchester und welcher Dirigent wären in der Lage, daraus in sieben Wochen etwas zu schaffen, das auch nur im Entferntesten die Schönheit und Dichte von *La Mer* besitzt?

Wir haben uns im abendländischen Theater daran gewöhnt, dass für die physischen Vorgänge auf der Bühne ein »Ungefähr so« genügt, während wir in der Musik auf die Präzision jedes einzelnen Tons sehr genau achten. Die Folge ist, dass die physische Dimension des Theaters noch immer – trotz Meyerhold, Tairow[33], Barrault und vielen anderen, die schon vor hundert Jahren diesem Mangel entgegenzuwirken suchten – meist relativ grobschlächtig und undifferenziert bleibt. Will man aber der physischen Ebene des Theaters – die, wie Grotowski zu Recht betonte, die zentrale, weil nicht wegzudenkende ist[34] – eine Dichte und Präzision zukommen lassen, die es mit der Musik aufnehmen kann, braucht man *Zeit*.

Die klassischen asiatischen Theaterkulturen – ob Noh, Kabuki, Peking- und Kun-Oper, Bharatanatyam oder das balinesische Theater – haben die Differenzierung und die aus ihr erwachsende Leuchtkraft der Darstellung meist über Generationen entwickelt. An ein und demselben Stück wurde teilweise über Jahrhunderte gefeilt. Daher wundert es nicht, dass unsere »Sieben-Wochen-Geburten« im Vergleich oft so plump wirken.

Obwohl Peter Brook recht hat, wenn er feststellt, dass lange Proben kein Garant für Qualität sind,[35] ist es doch kein

Zufall, dass die wegweisenden theatralen Hervorbringungen des 20. Jahrhunderts fast ausschließlich mit Entwicklungszeiten von einem Jahr oder länger zustande gekommen sind. Ob Bertolt Brecht, Peter Brook oder Ariane Mnouchkine, das Odin Teatret oder Jerzy Grotowskis Theaterlaboratorium, Pina Bausch, der frühe Robert Wilson, der junge Robert Lepage oder die Berliner Schaubühne in ihren besten Zeiten – sie alle haben zum Teil ein ganzes Jahr oder länger an einzelnen Produktionen gearbeitet und sich nicht mit einem »Ungefähr so« zufriedengegeben. Und viele von ihnen haben das getan, was zur Blütezeit des griechischen Theaters und im Globe Theatre selbstverständlich war: Sie haben neue, eigene Stücke auf der Höhe ihrer Zeit geschaffen und nicht nur alte Texte neu interpretiert. Und wie bei Aischylos, Shakespeare und Molière waren es nicht reine Literaten, die diese Stücke schufen, sondern Theaterpraktiker. Ihnen allen ist außerdem gemeinsam, dass sie über Jahre und Jahrzehnte mit einem festen Ensemble gearbeitet haben, und nicht mit ad hoc zusammengewürfelten Schauspielern und Regisseuren.

Ohne die lange Entstehungszeit ihrer Arbeiten, ohne die enge Verbindung von Autorschaft und Realisierung und ohne die Entwicklung eigener Ensemblekulturen wären diese Künstler nicht in der Lage gewesen, Kosmen zu schaffen, die so reich und dicht sind, dass sie uns als Zuschauer aus unserer alltäglichen Wahrnehmung herauskatapultieren und verändert zurückkehren lassen. Wenn es im 21. Jahrhundert eine relevante Theaterkunst geben soll, dann wird auch sie sich neue Produktionsbedingungen erkämpfen müssen.

VIII. FÜR EIN MUSIKALISCHES THEATER DER ZUKUNFT

Ein großes Hindernis bei der Entwicklung neuer Produktionsbedingungen ist die institutionelle Aufteilung der Bühnenkünste in die Sparten Sprechtheater, Oper und Ballett. Wenn Theater im Grunde als Tanz zu denken ist und die Organisation von Physis und Zeit auf musikalischen Prinzipien beruht, dann ergibt diese Trennung wenig Sinn. Auf den ersten Blick erscheint die Oper als aussichtsreiche Kandidatin, um Musik, Wort und körperlichen Ausdruck zu integrieren. Doch bei genauerer Betrachtung ist sie dazu nur sehr bedingt geeignet.

Die Erfinder der Oper hatten vor mehr als 400 Jahren eine Rekonstruktion der griechischen Tragödie vor Augen, von der sie glaubten, dass es sich um eine Art statisches Oratorium handelte. Tatsächlich aber war das antike Theater ursprünglich ein integriertes Tanz- und Sprechtheater, dessen Zentrum der tanzende Chor bildete.[36] Das Missverständnis der Antike führte zu einer folgenreichen Fehlkonstruktion der Oper, die bis heute nicht überwunden wurde: Text und Gesang dominieren im Produktionsprozess gegenüber der Entwicklung des körperlichen Ausdrucks. Der Körper – eigentlich das Zentrum *jeder* Theaterkunst – steht nicht am Anfang, sondern am Ende der Kette, er hat sich in das von Musik und Text geschaffene Prokrustesbett zu fügen.[37]

Die asiatischen Musiktheaterformen verfolgen dagegen genau den umgekehrten Ansatz: Der musikalische, tänzerische Körper steht im Zentrum. Die auf der Bühne anwesenden Musiker folgen mit ihren Blicken jeder minimen

Bewegung der Handelnden; Musik und Körperhandlung sind in einem ununterbrochenen subtilen Dialog, der das Aufmerksamkeitsfeld der Zuschauer gestaltet. Die Musik ist in jedem Moment Dienerin des theatralen Prozesses, kein Selbstzweck.

Wenn die Körperhandlung wieder ins Zentrum des Produktionsprozesses rücken soll, dann muss die Musik vom handelnden Körper ausgehen und zu ihm zurückkehren. Die Partitur für ein solches Musiktheater kann nur in engem Dialog mit der Entwicklung der physischen Handlung entstehen, nicht ihr vorausgehen. Das bedeutet: Die musikalische Struktur entsteht in Verbindung mit dem Probenprozess und ist bis zum letzten Probentag ebenso veränderbar wie alle anderen Teile. Das wiederum erfordert andere Abläufe und wesentlich längere Probenzeiten, als sie derzeit im Musiktheater üblich sind.

Doch nicht nur das: Die Art der Tätigkeit von Orchestermusikern, Komponisten und Darstellern würde sich tiefgreifend verändern. Instrumentalisten würden von reproduzierenden Interpreten, die eine Partitur nach den Vorgaben von Komponist und Dirigent vom Blatt spielen, zu Mitschöpfern der theatral-musikalischen Struktur; Komponisten würden nicht im Elfenbeinturm Partituren schreiben, sondern das im Probenprozess erarbeitete Material weiterentwickeln und neue Ideen hineingeben; und der *actor*, der Schauspieler-Tänzer, würde von Anfang an in einem schöpferischen Dialog mit der Musik stehen.

Es ist offensichtlich, dass es für ein solches Theater eine grundsätzlich anders strukturierte Ausbildung braucht, sowohl für die Musiker als auch für die Darsteller. Anstelle getrennter Ballett-, Theater- und Opernklassen ist eine integrierte Ausbildung nötig, die das gesamte Repertoire szenisch-musikalischer Ausdrucksmöglichkeiten entfaltet, und das jenseits eingefahrener Musical-, Ballett- und Opernkonventionen. Die üblichen vier Jahre an einer Schauspiel- oder Musikhochschule genügen dafür bei Weitem nicht, die Ausbildung müsste schon in der Schule beginnen und später am Theater fortgesetzt werden.[38]

An diesem Punkt zeigt sich, dass die Weiterentwicklung der Theaterkultur eine gesamtgesellschaftliche Aufgabe ist, die die Theater nicht allein bewältigen können. Solange Lehrpläne in Schulen einseitig auf die Anhäufung abstrakten Wissens ausgerichtet sind und die motorisch-musische Entwicklung vernachlässigt wird, ist mit einer Blüte des Theaters kaum zu rechnen. Die Digitalisierung treibt diesen Prozess der Entkörperlichung noch weiter voran.

Eine Veränderung unserer Theaterkultur ist daher nicht von einer tiefgreifenden pädagogischen und gesamtgesellschaftlichen Veränderung zu trennen. Hier kann das Theater, in der Ausbildung wie auf der Bühne, seine wahre systemtranszendierende Kraft entfalten: Indem es den Menschen als ungeteiltes körperlich-geistig-emotional-musikalisches Wesen ins Zentrum stellt, kann es die Reduzierung des Menschen auf seine kognitiven und ökonomischen Funktionen – zumindest für eine gewisse Zeit – überwinden. Theater kann auf diese Weise eine Keimzelle des Widerstands gegen die Entfremdung sein, allerdings nicht in erster Linie durch die Proklamation von politischen Thesen, sondern durch den Prozess der *Verkörperung*.

Für ein musikalisches Theater der Zukunft müssen auch Institutionen neu gedacht und erprobt werden. Warum nicht beispielsweise ein öffentlich finanziertes Musiktheater mit festem Ensemble schaffen, das jenseits von Spartengrenzen arbeitet und sich ausschließlich Uraufführungen widmet? Angesichts von mehr als 80 Opernhäusern in Deutschland, die im Wesentlichen ein Repertoire aus dem 18. und 19. Jahrhundert spielen, wäre das ein längst überfälliger Schritt. Warum nicht ein solches neues Musiktheater verbinden mit einem neuen Typ von Schule, in der die musisch-theatrale Entwicklung im Zentrum steht und praktizierende Künstler aus allen Disziplinen unterrichten? Warum nicht auch die weiterführende Ausbildung für eine neue Generation von Bühnenkünstlern an ein solches Theater anbinden, um Lernen und Produzieren besser zu integrieren?

Zu teuer, wird man sagen, angesichts knapper Kulturbudgets. Dabei gibt die öffentliche Hand in Deutschland gerade einmal 0,35 Prozent des Bruttoinlandsproduktes für Kultur aus – eine beschämende Zahl.[39] Das entspricht einem Fünftel des Militäretats und etwa der Hälfte dessen, was Frankreich in die Kultur investiert.[40] Warum also nicht ein Ein-Prozent-Ziel für die Kultur stark machen und dieses Ziel mit neuen Formen und Inhalten füllen?[41] Eine Rekultivierung der Gesellschaft einschließlich einer Erneuerung des Theaters ist nicht zuletzt auch ein Kampf um neue Institutionen und Budgets.

Epilog

DAS THEATER UND DIE KRISE DES LEBENS AUF DER ERDE[42]

Die industrielle Zivilisation hat das Leben auf der Erde in das sechste große Massensterben in seiner vier Milliarden Jahre währenden Geschichte geführt. Die gewaltigen Wälder Südostasiens, Zentralafrikas und Amazoniens verwandeln sich in Mondlandschaften, in den Ozeanen breiten sich sauerstofflose Todeszonen aus, das Great Barrier Reef – die größte lebende Struktur der Erde – stirbt vor unseren Augen. In Mitteleuropa sind die Insektenpopulationen bereits um drei Viertel eingebrochen, während in Australien allein bei den Bränden von 2019/2020 mindestens eine Milliarde Säugetiere, Vögel und Reptilien verendeten. Ob die Gattung *Homo* diesen Prozess, den sie selbst in Gang gesetzt hat, letztlich überleben wird, ist alles andere als gewiss.

Es ist dies ein Drama von beinahe kosmischen Ausmaßen, auf jeden Fall die größte für Menschen denkbare Tragödie. Doch das westliche Theater hat dazu auffallend wenig zu sagen. Es führt uns noch immer Stücke vor, in denen verzweifelte Menschen einander anschreien und sich auf dem Boden wälzen, es zeigt die Leere, die das kapitalistische System in uns und zwischen uns erzeugt, aber es hat keine Sprache, keine Form für das weitaus größere Drama, das sich zwischen den Menschen und der mehr-als-menschlichen Natur abspielt. Während viele glauben, dass alles schon einmal auf der Bühne getan wurde, ist tatsächlich das Wichtigste noch kaum versucht worden. Der tragische Stoff *par excellence*, der Konflikt zwischen der Schöpfung und der Hybris des Menschen, kommt nicht vor. Wie kommt es zu dieser Unfähigkeit, das wichtigste Thema des 21. Jahrhunderts ernsthaft zu behandeln?

Der Grund dafür liegt in einer besonderen Eigenart des westlichen Theaters: Es kann die mehr-als-menschliche Welt nicht darstellen. Abgesehen von ein paar Weihnachtsmärchen handeln die Menschen seit der Entstehung des bürgerlichen Theaters auf der Bühne so, als seien sie miteinander allein auf der Welt; als sei die Sphäre dessen, was man »die Natur« nennt, bestenfalls eine Art Rollprospekt für die menschlichen Intrigen. Bei Shakespeare kam immerhin noch ein Sturm vor; aber auch er war letztlich nur ein Instrument von Prosperos kolonialer Herrschaft. Später ist die mehr-als-menschliche Welt fast ganz von den Bühnen verschwunden, sie diente nur noch als Symbol, als ferne Erinnerung an eine entschwundene Welt da draußen – die Wildente, die Glasmenagerie, der tote Baum bei Beckett. Die Menschen bewegen sich in geschlossenen Räumen ohne Außenwelt. Alles, was lebt, sind sie selbst.

Dieser Mangel liegt keineswegs in der Natur des Theaters. Immerhin ist die griechische Tragödie und mit ihr das gesamte europäische Theater einst aus den dionysischen Bocksgesängen hervorgegangen. Die großen Theatertraditionen Chinas, Japans, Balis und Indiens sind voll von mehr-als-menschlichen Gestalten. Für uns aber sind sie kaum mehr als Folklore und Dekor. Wir verstehen ihren Sinn nicht. Denn Handelnde können doch nur Menschen sein. Oder?

Es ist nicht allein das Theater, das die nicht-menschliche Welt in den letzten Jahrhunderten als eine uns äußerliche »Natur« abgespalten hat. Es ist unsere ganze Zivilisation.[43]

Wir teilen unsere Wissenschaften fein säuberlich in Natur- und Geisteswissenschaften, so als ob sich zwischen unseren Körper und unseren Geist eine Betonwand einziehen ließe. Wir behandeln »das da draußen« als eine Verfügungsmasse für unser unersättliches Wirtschaftssystem, das Tag für Tag die lebendige Welt in Berge von toten Waren verwandelt. Wir herzen unser liebes Hundchen und schieben uns währenddessen ein Steak rein, das aus dem Albtraum der Schlachtfabriken hervorgeht, die wiederum gespeist werden aus den brennenden Wäldern Amazoniens. – Aber nein, wir sind die einzig Handelnden hier. Oder ist sonst noch wer da?

Doch das, was da als Natur abgespalten wurde, kehrt im 21. Jahrhundert wieder als Protagonist ins Zentrum des Geschehens zurück: Stürme, die kein Prospero beherrschen kann, Fluten, die kein Herakles eindämmen wird, Glut, vor der es keine Zuflucht mehr geben wird, Pandemien aus den Exkrementen von wilden Tieren, die den verwüsteten Wäldern entfliehen. Was da auf uns zukommt, hat keine menschliche Gestalt. Es ist anders. Und doch handelt es. Hat das Theater dazu etwas Ernstzunehmendes zu sagen? Findet es, wo diese Zivilisation zu zerbrechen beginnt, zu einer neuen Sprache? Oder endet es mit dem ganzen Rest als bürgerliches Trauerspiel auf einem sinkenden Schiff?

DANKSAGUNG

Mein herzlicher Dank gilt zunächst Roberto Ciulli für die inspirierenden Gespräche und den Brückenbau zu Alexander Wewerka – dem ich seinerseits für den Mut danke, dieses ungewöhnliche Büchlein herauszugeben. Ich danke außerdem Antje Wewerka für die schöne Gestaltung, Christin Heinrichs-Lauer für das sehr hilfreiche Endlektorat sowie Reinhard Hoffmann für seine – wieder einmal – wichtige inhaltliche Unterstützung und seinen scharfen Blick für Details.

Ich bin außerdem den Kolleginnen und Kollegen zu Dank verpflichtet, denen ich in meiner Theaterarbeit begegnen durfte und die meine Sicht auf das Theater erweitert haben: Eugenio Barba und der International School of Theatre Anthropology; Axel Tangerding und dem Meta Theater Moosach; dem Noh-Theater-Meister Akira Matsui; Volker Ludwig und dem Ensemble des Berliner Grips Theaters; meinen Lehrern Hans Hollmann, Luc Bondy, Peter Iden und Hans-Jürgen Drescher an der Frankfurter Hochschule für Musik und Darstellende Kunst sowie Lingaraj und Shashadhar Acharya in New Delhi und Seraikella (Indien).

ANHANG

KOMMENTAR ZUM BAUM DES WISSENS

Der Baum des Wissens ist für die Szene mit dem jungen Mann ausgeführt. Die grundsätzliche Struktur lässt sich aber auf die verschiedensten Fälle übertragen. So kann man sich zum Beispiel statt einer Verführung eine militärische Situation vorstellen: Ein Spion beobachtet feindliche Truppenbewegungen. Auch er kann getäuscht werden und selbst täuschen; auch zwischen ihm und den feindlichen Truppen kann es zu Missverständnissen kommen; und sogar eine theatrale Situation ist, wenn alle Masken gefallen sind, zwar unwahrscheinlich, aber doch nicht undenkbar (wobei natürlich in einem solchen Moment die beiden Parteien aufhören, sich als militärische Gegner zu verhalten).

Eine annähernd gleiche Struktur wie die des Baumes, der sich vom bloßen Sehen zur Interpretation von Mitteilungen erstreckt, gilt auch für die Schritte zwischen *wörtlichen* Mitteilungen und Mitteilungen *auf einer anderen Ebene*, also Metaphern im weitesten Sinne.

Im Folgenden sind die einzelnen Abzweigungen des Baumes aufgeschlüsselt und kommentiert.

A) Voyeurismus

Sie sieht ihn.

Er weiß *nicht*, dass sie ihn sieht.

Sie weiß, dass er sich unbeobachtet glaubt.

Dies ist der Fall einer klassischen, gelungenen Spionage.

B) Missverständnis 1. Ordnung

Sie sieht ihn.

Er weiß *nicht*, dass sie ihn sieht.

Sie aber glaubt, er wisse, dass sie ihn beobachtet.

So kann es geschehen, dass sie, *ohne es zu wissen*, Beobachterin einer nicht für ihren Blick bestimmten Privatheit wird.

Für den Spion wäre diese Situation ungünstiger, weil er sich, in dem Glauben, enttarnt zu sein, unnötig vorsichtig verhält und dadurch vielleicht an wichtige Informationen nicht herankommt.

C) Gelungene Täuschung

Sie sieht ihn.

Er *weiß*, dass sie ihn sieht.

Sie aber nimmt an, er wähne sich unbeobachtet.

Er *weiß*, dass sie glaubt, er wähne sich unbeobachtet.

Natürlich kann es ihm in einem solchen Fall auch einfach gleichgültig sein, ob sie über sein Bewusstsein falsche Annahmen hegt. Damit es sich um eine Täuschung handelt, muss noch die Absicht, sie *glauben zu machen*, er wähne sich unbeobachtet (bzw. die Absicht, ihren Irrtum, wenn er einmal da ist, *nicht offenzulegen*), hinzukommen.

Für einen Spion ist diese Situation extrem gefährlich, weil er in seiner – dem Gegner bekannten – naiven Annahme, noch unentdeckt zu sein, jederzeit in eine Falle tappen kann.

Und er wäre auch ein leichtes Opfer von Täuschungsmanövern, die der Gegner nun inszenieren kann, um dem Feind irreführende Informationen zuzuspielen.

D) Missverständnis 2. Ordnung

Sie sieht ihn.

Er *weiß*, dass sie ihn sieht.

Sie nimmt an, er wähne sich unbeobachtet.

Er glaubt, sie wisse, dass er sich beobachtet weiß.

Es könnte hier zum Beispiel sein, dass er, wissend, dass sie ihn beobachtet, aber in der irrtümlichen Annahme, dass auch sie, ihrerseits, von ihrem Entdecktsein wisse, sie in eine Art Spiel verwickeln will, während sie, in dem Glauben, er wähne sich unbeobachtet, sein Verhalten weiterhin als privat deutet.

Für den Spion ist diese Situation etwas besser als der Fall C – obwohl er auch hier enttarnt ist und der Täuschung aufsitzt, noch unentdeckt zu sein. Aber der Gegner wird nicht so leicht zuschlagen, weil er meint, der Spion wisse sich schon enttarnt und sei also auf alles vorbereitet.

Der Gegner wird außerdem keine Täuschungsmanöver inszenieren, weil er – fälschlicherweise! – davon ausgeht, dass der Spion diese sofort durchschauen würde.

E) Durchschaute Täuschung

Sie sieht ihn.

Er *weiß*, dass sie ihn sieht.

Sie weiß, dass er sich beobachtet weiß.

Er glaubt, dass sie annimmt, er wähne sich unbeobachtet.

Sie weiß von seiner falschen Annahme.

Voraussetzung dafür, dass es sich um Täuschung handelt, ist natürlich, wie im Fall C, seine Absicht, sein Wissen zu verbergen. Während sie indes *weiß*, dass er sich beobachtet weiß, glaubt er, seine Täuschung sei gelungen; zugleich erkennt *sie* seinen Irrtum. Dadurch kann, wenn auch sie diese Erkenntnis verbirgt, eine *Umkehrung der Täuschung* stattfinden: Er, der zu täuschen glaubt, wird nun getäuscht.

Ein solcher Fall liegt auch vor, wenn ein Schauspieler mich, als Zuschauer, *glauben zu machen* versucht, er tue und erlebe, was er auf der Bühne tut und erlebt, ohne von meiner Anwesenheit zu wissen, während ich, allein durch die Tatsache, dass ich mich in einer Theatervorstellung befinde, auf das Unzweifelhafteste vom Gegenteil unterrichtet bin. Der zu täuschen glaubt, ist der Getäuschte.

Für den Spion ist diese Lage noch günstiger. Er ist zwar, wie in den Fällen davor, enttarnt, hat aber sonst eine klare Übersicht über die Lage, während der Gegner irrtümlich meint, die Enttarnung sei ihm verborgen geblieben.

Die irreführenden Manöver, die der Gegner nun inszeniert, führen ins Leere, der Spion kann über das ganze unsinnige Spektakel nur müde lächeln.

Zugleich gewinnt er so die Möglichkeit, seine Flucht, mit der die Gegner zu diesem Zeitpunkt logischerweise nicht rechnen, vorzubereiten. (Auch hier spielt natürlich bereits die *Interpretation* der Manöver als *Mitteilung* eine Rolle.)

F) Missverständnis 3. Ordnung

Sie sieht ihn.

Er *weiß*, dass sie ihn sieht.

Sie weiß, dass er sich beobachtet weiß.

Er glaubt, dass sie annimmt, er wähne sich unbeobachtet.

Sie glaubt, er wisse, dass sie weiß, dass er sich beobachtet weiß.

Sofern er die Absicht hat, sie zu täuschen, versucht er es in diesem Fall auf einer Ebene, wo sie längst vollkommen Bescheid weiß; sie aber bemerkt seinen ganzen sinnlosen Täuschungsversuch überhaupt nicht. Im Gegenteil: Sie könnte sogar das, was er tut, statt für den Versuch einer Täuschung für ein *Spiel* halten, während er von all dem überhaupt nichts mitbekommt, überhaupt nicht weiß, dass sie sich längst auf einer anderen Ebene bewegt, und seinen ins Leere laufenden Täuschungsversuch fortsetzt.

Für den Spion wäre ein solches Missverständnis ungünstiger als der Fall E. Er würde annehmen, die feindlichen Truppen wüssten, dass er um sein Entdecktsein weiß, würde also – fälschlicherweise – glauben, dass man seinen Fluchtgedanken ahnt, und sich womöglich zu einer unnötig riskanten Aktion entschließen.

G) Bloßes Zuschauen

Sie sieht ihn.

Er *weiß*, dass sie ihn sieht.

Sie weiß, dass er sich beobachtet weiß.

***

Sie interpretiert, was er tut, *nicht* als Mitteilung.

Er weiß, dass sie, was er tut, nicht als Mitteilung interpretiert.

Es besteht hier vollkommene Offenheit, des Schauens, des Tuns, des Seins. Er tut, was er tut, nicht um der Mitteilung willen, und sie weiß es.

Außerhalb des Theaters, so auch in der Szene mit dem jungen Mann, mischt sich ein solches bloßes Schauen, Tun und Sein häufig mit der Ebene von Mitteilungen, mit theatralen Momenten, indem immer wieder vom einen zum anderen gewechselt wird. Dieser Wechsel kann vollkommen mühelos vor sich gehen. Voraussetzung dafür, dass keine Missverständnisse zustande kommen, ist aber, dass es entweder klare Rahmenmitteilungen vom Typ »Was folgt, ist Mitteilung« – oder auch »Was folgt, ist *keine* Mitteilung« – gibt, oder dass *die Handlungen selbst* durch ihre spezifische Qualität und ihren spezifischen Zusammenhang als Mitteilungen oder Nicht-Mitteilungen erkennbar sind.

Im Falle des Spions ist dies der Moment der Wahrheit, wo alle Missverständnisse und Täuschungen ausgeräumt sind. Jetzt kann nur noch geschossen oder gerannt werden.

H) Missverständnis 4. Ordnung

Sie sieht ihn.

Er *weiß*, dass sie ihn sieht.

Sie weiß, dass er sich beobachtet weiß.

***

Sie interpretiert, was er tut, *nicht* als Mitteilung an sich.

Er aber glaubt, dass sie, was er tut, als Mitteilung interpretiert.

Ähnlich dem Fall D. Es könnte hier zum Beispiel sein, dass er sich große Mühe gibt, um sie zu beeindrucken, und glaubt, sie würde mitspielen, während sie tatsächlich von all dem überhaupt nichts mitbekommt und sich nur über sein seltsames Gebaren wundert.

*

A bis H sind Fälle ohne Widersprüche *innerhalb* einer Person. Missverständnisse und Täuschungen kommen hier nur dadurch zustande, dass die Parteien unzutreffende, aber *in sich klare* An nahmen über den Gegenpart haben. Anders verhält es sich mit den folgenden Fällen, wo *innerhalb* einer Person Widersprüche oder Ambivalenzen auftreten.

X1)

Sie sieht ihn.

Er weiß, dass sie ihn sieht, versucht aber, dieses Wissen zu *vergessen.*

Sie hat einerseits Anlass anzunehmen, dass er sich beobachtet weiß; andererseits aber deutet manches in seinem Verhalten darauf hin, dass er sich unbeobachtet glaubt.

Eine solche Situation kommt zum Beispiel zustande, wenn ein Schauspieler versucht, das Publikum vollkommen zu vergessen. Da ihm das nur dann wirklich gelingen kann, wenn er auf der Bühne entweder in Trance fällt oder *einschläft,* damit aber die Theatervorstellung klarerweise beendet wäre, bleibt ihm nur der Weg in eine willentlich herbeigeführte Schizophrenie. Dieser ganze Versuch ist natürlich erstens logischer Unsinn, zweitens eine sinnlose psychische Belastung und führt, drittens, zu einer Verunmöglichung darstellerischer Gestaltung.

Die Zuschauer empfinden, je nach Grad der schauspielerischen Anstrengung, entweder Langeweile (weil keine Darstellung stattfindet) oder Verwirrung (weil man nicht mehr weiß, ob tatsächlich noch Theater gespielt wird oder nicht) oder Besorgnis (weil wirklich ein schizophrener Zustand erreicht ist).

Theater unterscheidet sich in diesem Punkt grundsätzlich und eindeutig vom *Ritus,* in dem Trance-Zustände und vollständiges

Vergessen der Umgebung durchaus ihren Platz haben können. Trotzdem ist, wie im balinesischen *Barong*, ein Übergang vom Theater zum Ritus möglich: An einem bestimmten Punkt des Dramas, wenn die Männer, mit *Kris*-Dolchen bewaffnet, die Hexe Rangda angreifen, schlägt das Theater in ein Ritual um: Die Tänzer geraten in Trance und attackieren sich, unter heftigen Konvulsionen, nun selbst mit den Dolchen.[44]

Voraussetzung für einen solchen Übergang ist aber, dass alle, Zuschauer wie Ausführende, von vornherein ein klares Wissen von dem ganzen Ablauf und besonders von diesen Umschlagpunkten haben oder dass entsprechende Rahmenmitteilungen existieren. So kann schließlich ein Ritus von einem theatralen Geschehen eingerahmt werden, so wie die Handlungen der in Trance geratenen *Kris*-Tänzer von einer durchchoreographierten Inszenierung des *Barong*-Dramas umfasst werden – wobei die Trance-Tänzer selbst jedoch nicht ins Spiel zurückkehren.

X2)

••••

Sie sieht ihn.

Er *weiß*, dass sie ihn sieht.

Sie weiß, dass er sich beobachtet weiß.

***

Sie interpretiert, was er tut, *als Mitteilung.*

Er weiß, dass sie, was er tut, als Mitteilung interpretiert, versucht aber, dieses WIssen zu *vergessen.*

Weitgehend analog zu X1, jedoch weniger radikal.

So kann sich zum Beispiel jemand durch die Tatsache, dass alles, was er tut, als Mitteilung aufgefasst *und bewertet* wird, befangen fühlen und sich, um seine Unbefangenheit wiederzuerlangen, bemühen, sein Wissen zu vergessen. (In der Regel wird die Befangenheit durch den zusätzlichen inneren Kampf aber nur zunehmen.)

Im Theater ist ein solcher Befreiungsversuch natürlich erst recht unsinnig. Der Schauspieler verwickelt sich in einen fruchtlosen und aufreibenden Kampf mit sich selbst, anstatt sich um die *Gestaltung der Darstellung* zu kümmern.

Dieser Fall ist es wohl, der die Verfechter des epischen Theaters und des Konstruktivismus gegen »Einfühlung« und Identifikation auf Seiten des Schauspielers aufgebracht hat. – Und wenn *dies* unter »Einfühlung« verstanden wird, ist sie tatsächlich nichts als Selbstbetrug.

Y1)

Sie sieht ihn.

Er weiß, dass sie ihn sieht.

Sie weiß, dass er sich beobachtet weiß, versucht aber dieses Wissen zu *vergessen*.

Wir können auch sagen: Sie versucht sich selbst *glauben zu machen*, er wähne sich unbeobachtet.

Ein Zuschauer, der sich so verhält, steigert sich in eine Art irrealen Voyeurismus hinein. Ein solcher Versuch kann durch ein komplementäres Verhalten des Schauspielers zu einem bilateralen Selbstbetrug ausgebaut werden.

Für einen Spion ist solch ein Verhalten zweifellos tödlich. Es könnte zum Beispiel geschehen, dass ihm sein Entdecktwerden eine derartige *Angst* bereitet, dass er es auf der Stelle vollkommen verdrängt. Dadurch werden seine folgenden Handlungen natürlich gänzlich absurd.

Y2)

••••

Sie sieht ihn.

Er weiß, dass sie ihn sieht.

Sie weiß, dass er sich beobachtet weiß.

***

Sie weiß, dass er alles, was er tut, um der Mitteilung willen tut, versucht aber dieses Wissen zu *vergessen*.

Weitgehend analog zu Y1, aber weniger radikal. Auf diesen Fall, komplementär zu X2, bezieht sich die Kritik der Verfechter des epischen Theaters und des Konstruktivismus am Konzept der »Einfühlung« und Identifikation auf Seiten der Zuschauer.

Wenn wir nun zum zentralen Stamm des Baumes kommen, sehen wir, dass auch an seiner Spitze noch eine Verzweigung entstehen kann.

Ein Schauspieler, der als solcher nicht anders kann, als zu wissen, dass ich, als Zuschauer, alles, was er tut, als Mitteilung auffasse, könnte nämlich, wie der junge Mann, der plötzlich *absichtlich scheinbar unabsichtlich* hinfällt, auf die Idee kommen, mich *glauben zu machen*, dass er, was er tut, *nicht* um der Mitteilung willen tue, dass es ihm einfach nur »geschehe« usw. Und indem er mich also glauben zu machen versucht, dass es sich nicht um Theater, sondern, wie im Fall G, um ein bloßes Tun und Sein handele, *lügt* er. Wird die Lüge *geglaubt*, so ist das Theater zu Ende. Wird sie nicht geglaubt, so entsteht wiederum, je nach Grad der schauspielerischen Anstrengung, entweder Langeweile (weil keine Darstellung stattfindet) oder Peinlichkeit (weil die Lüge für alle eklatant offensichtlich ist, der Schauspieler selbst davon aber nichts zu bemerken scheint).

Um also wirklich beim Theater anzukommen, müssen wir an den obersten zentralen Ast noch folgenden Satz anfügen: »Der Mann *gestaltet* alles, was er tut, *als Mitteilung.*«

ANMERKUNGEN

1 Der Sanskrit-Begriff *Ṛta* steht in der vedischen Tradition für die natürliche Ordnung des Universums einschließlich der menschlichen Ethik. Das Wort bedeutet ursprünglich »richtige Fügung«, »Ordnung«, »Wahrheit«.

2 Theater wird hier klar vom Bereich der Performance unterschieden. Wie die Performancekünstlerin Marina Abramović zu Recht betont, ist eine Performance von gänzlich anderem Typ als eine Theateraufführung: »Der Unterschied zwischen Performance und Theater ist riesig. Im Theater ist das Messer kein Messer und das Blut ist nur Ketchup. [...] Eine Performance kann man nicht proben, weil viele Dinge nicht wiederholt werden können.« (Marina Abramović: »An Art Made of Trust, Vulnerability and Connection«, TED Talk, 22.12.2015, ab Minute 3'52")

3 Kleist berichtet von einem Jüngling, der eine besondere Grazie besaß, sie aber in dem Moment, da er sich ihrer bewusst wurde, augenblicklich verlor und vergeblich wiederzuerlangen versuchte. Gegen Ende der Abhandlung heißt es dann: »Doch so, wie sich der Durchschnitt zweier Linien, auf der einen Seite eines Punkts, nach dem Durchgang durch das Unendliche, plötzlich wieder auf der anderen Seite einfindet, oder das Bild des Hohlspiegels, nachdem es sich in das Unendliche entfernt hat, plötzlich wieder dicht vor uns tritt: so findet sich auch, wenn die Erkenntnis gleichsam durch ein Unendliches gegangen ist, die Grazie wieder ein; so, daß sie, zu gleicher Zeit, in demjenigen menschlichen Körperbau am reinsten erscheint, der entweder gar keins, oder ein unendliches Bewußtsein hat, das heißt in dem Gliedermann, oder in dem Gott.« (Heinrich von Kleist: *Über das Marionettentheater*, Frankfurt/M. 1993)

4 Die Unterscheidung verschiedener logischer Ebenen in der Kommunikation von Menschen und die Erforschung ihrer komplizierten Verknüpfungen geht vor allem auf Gregory Bateson zurück. Siehe z. B.: *Ökologie des Geistes. Anthropologische, psychologische, biologische und epistemologische Perspektiven*, Frankfurt/M. 1981.

5 Gregory Bateson war es auch, der feststellte, dass Schizophrenien durch besondere Unfähigkeiten, mit der Unterscheidung kommunikativer Ebenen zurechtzukommen, bestimmt sind. Insofern lassen sich die

Wortwörtlichkeits- und Wahrhaftigkeitsfanatismen – von den Bilderstürmen bis zum modernen christlichen Fundamentalismus und Biblizismus, ebenso wie der heutige Wahrhaftigkeitskult im Theater – als Krisen deuten, die gewisse Züge der Schizophrenie zeigen.

6 Man ging im spätmittelalterlichen Transsubstantiations-Streit sogar so weit, zu behaupten, die in der eucharistischen Feier gegessenen Oblaten würden *materiell* nicht vom normalen Verdauungssystem aufgenommen und ausgeschieden.

7 Ein trauriger Höhepunkt theatraler Reality-Shows waren die Aufführungen des norwegischen Regisseurs und Schauspielers Vegard Vinge im Prater der Berliner Volksbühne, wo er das Publikum mit Fäkalien bewarf.

8 Wenige Jahrzehnte nach dem Tod Shakespeares ließ Oliver Cromwell im Namen einer protestantischen »Wahrhaftigkeit« und der »Great Rebellion« sämtliche Theater in England schließen (*First ordinance against stage plays and interludes*, 1642). Ein solches Umschlagen vom Exzess des Spektakels zum Darstellungsverbot ist in der europäischen Geschichte häufig zu beobachten. Man denke nur an die Exzesse der circensischen Spiele in Rom – Spiele, in denen bereits die logische Unterscheidung von Theater und bloßer Zurschaustellung in einem allgemeinen Spektakel zusammengebrochen war – und die spätere Theaterfeindlichkeit der römischen Kirche; oder an die Bilderbesessenheit der italienischen Renaissance und die »Verbrennung der Eitelkeiten« unter Savonarola im Florenz der Jahre 1497/98.

9 Georg Trakl: »Ein Winterabend«, in: Georg Trakl: *Dichtungen und Briefe*, Salzburg 1987.

10 William Shakespeare: *The Tempest/Der Sturm* (4. Akt, 1. Szene). In der Übersetzung von Frank Günther: »Wir sind vom Stoff, / Aus dem die Träume sind; und unser kleines Leben / Beginnt und schließt ein Schlaf.« (William Shakespeare: *Der Sturm*, München 2001)

11 Zur Parallele zwischen Sehvermögen und symbolischen Ordnungen siehe auch Fabian Scheidler: *Der Stoff, aus dem wir sind. Warum wir Natur und Gesellschaft neu denken müssen*, München 2021, S. 172–175.

12 Gregory Bateson nennt so etwas »Kontext-Markierungen«. Siehe *Ökologie des Geistes*, a. a. O., S. 375.

13 *eidos* bezeichnet sowohl das konkrete äußere Erscheinungsbild als auch das »Wesen«, die »Idee« einer Sache. (*eidos* und *idea* gehen beide auf *idein* – »sehen, erkennen« – zurück.) Das davon abgelei-

tete *eidolon* wurde später vor allem von christlicher Seite abwertend im Sinne von »Götzenbild« gebraucht (daher *Idol, Idolatrie* usw.).

14 Bereits in der Renaissance entwickelte sich die illusionistische *Trompe-l'œil*-Malerei, die dem Betrachter eine wirkliche Szenerie perspektivisch vortäuschte und damit eine »virtuelle Realität« erschuf.

15 Zur Organisation des Lebens durch Bedeutung siehe Fabian Scheidler: *Der Stoff, aus dem wir sind*, a. a. O., S. 57–61, Gregory Bateson: *Geist und Natur. Eine notwendige Einheit*, Frankfurt/M. 1979, und Jesper Hoffmeyer: *Biosemiotics: An Examination into the Signs of Life and the Life of Signs*, Scanton/London 2008.

16 Martin Buber: »Das Raumproblem der Bühne«, in: *Texte zur Theorie des Theaters*, hrsg. und kommentiert von Klaus Lazarowicz und Christopher Balme, Stuttgart 1991, S. 429.

17 Auf Isaac Newton geht der Begriff des »absoluten Raums« zurück, der ohne jede Beziehung zu dem, was in ihm enthalten ist und geschieht, existiert. Die Vorstellung eines qualitätslosen abstrakten Raums ist den meisten außereuropäischen Kulturen fremd. Für die industrielle Zivilisation dagegen ist sie prägend geworden und sogar tief in unser Alltagsbewusstsein eingegangen – auch wenn Relativitätstheorie und Quantenphysik sie auf naturwissenschaftlichem Gebiet längst widerlegt haben.

18 Benoît Constant Coquelin: *L'Art du Comédien*, Paris 1894, S. 46. (Übersetzung: Fabian Scheidler)

19 Dazu wiederum Constant Coquelin: »Der berühmte Satz: ›Wenn du willst, dass ich weine, weine selbst‹ ist nicht auf den Schauspieler anwendbar. Würde er wirklich weinen, könnte es gut sein, dass er dann Gelächter auslöst, denn der Schmerz schneidet Grimassen.« Ebd., S. 45. (Übersetzung: Fabian Scheidler)

20 Besonders bekannt für das Konzept, dass man konkrete Emotionen aus der eigenen Biografie auf der Bühne benutzen sollte, ist Lee Strasberg, ehemaliger Leiter des New Yorker *Actors Studio,* mit seiner Methode des »sense memory«. Er beruft sich dabei auf die frühen Methoden des russischen Regisseurs Konstantin Stanislawski. Stella Adler, Strasbergs langjährige Weggefährtin, verwarf jedoch dieses Konzept, nachdem sie 1934 bei Stanislawski in Paris selbst Unterricht genommen hatte: »You must get away from the real thing because the real thing will limit your acting and cripple you. To think of your own mother's death each time you want to cry onstage is schizophrenic and sick.« (Nachruf in der *New York Times*, 19. 12. 1992) Später soll sie gesagt haben, dass

Strasberg das amerikanische Theater um hundert Jahre zurückgeworfen habe. Strasbergs Arbeit hat jedoch für den Film, der ganz anderen Gesetzen folgt als das Theater, zweifellos wichtige Verdienste.

21 Das Für und Wider der »Einfühlung« ist in der Theatergeschichte immer wieder kontrovers diskutiert worden. Diderot schrieb bereits 1769 in *Paradoxe sur le comédien*: »Im Theater bringt man mit dem, was wir Empfindsamkeit, Seele oder Innerlichkeit nennen, ein oder zwei Tiraden fertig und verfehlt alles übrige: Die ganze Spannweite einer großen Rolle zu erfassen; Hell und Dunkel, Hart und Schwach richtig zu verteilen; an ruhigen Stellen ebenso stark zu sein wie an bewegten; abwechslungsreich zu sein in den Details, aber harmonisch und geschlossen im Ganzen: das kann nur das Werk eines kühlen Kopfes, eines mühsamen Studiums, einer großen Erfahrung.« (Denis Diderot: »Das Paradox über den Schauspieler«, in: *Texte zur Theorie des Theaters*, a. a. O., S. 162) Auf Diderot bezog sich auch Brecht, der immer wieder die Notwendigkeit einer Differenzierung der Ebenen von Dargestelltem und Darstellendem formulierte. Er, und mit ihm die Begründer des konstruktivistischen Theaters, hielt aber für eine weltanschauliche Frage, was tatsächlich für *jede* Art von Theater, unabhängig von Stil und Zwecken, gilt.

22 Dieser Zustand ist es auch, der sowohl in der hinduistischen als auch in der buddhistischen Philosophie als höchstes Ziel gilt. In der Bhagavad Gita lehrt Krishna den Krieger Arjuna zu handeln, ohne nach den *Früchten seiner Handlung* zu streben. Im Buddhismus geht es um die Erlösung aus der Kette des bedingten Entstehens, *pratitya-samutpada*, in der ein Glied das andere zwingend bedingt, in der z. B. *sparsha*, die Berührung mit der Welt, *trishna*, die Gier, hervorruft. Das Bemerkenswerte an all dem ist, dass, was hier als das entfernteste Entwicklungsziel der Menschen angesehen wird, tatsächlich schon jedem Kleinkind, ja jedem höheren Säugetier längst zu eigen ist: Im Spiel ist die zwingende Bindung der emotionalen Glieder gelöst. Dieser Zustand ist nur niemals von Dauer. Irgendwann setzt immer der *Ernst* wieder ein, eine *strengere* Bindung der emotionalen Glieder, ein Ernst, der für das Leben ebenso notwendig ist wie das Spiel. Was Krishna oder Buddha fordern, ist also nur die Ausweitung einer natürlichen Gabe über die ebenfalls natürliche Grenze dieser Gabe hinweg.

23 Ernesto Grassi schreibt in *Kunst und Mythos* (Berlin 2013 [Hamburg 1957]), unter Berufung auf Hermann Kollers *Die Mimesis in der Antike. Nachahmung, Darstellung, Ausdruck* (Bern 1954): »μιμεσθαι

[mimeisthai] heißt primär: durch Tanz zur Darstellung bringen. Mit dem griechischen Tanz war immer zugleich Rhythmus, musikalische Begleitung und erzählendes Wort verbunden. [...] Für μιμεσθαι muß an der Grundbedeutung ›tänzerische *Darstellung* festgehalten werden‹.« (In: Grassi, S. 155 f.)

24 Die Erforschung solcher Prinzipien der »Prä-Expressivität« ist vor allem der von Eugenio Barba geleiteten *International School of Theatre Anthropology* zu verdanken. Siehe dazu auch: Eugenio Barba/Nicola Savarese: *The Secret Art of the Performer. A Dictionary of Theatre Anthropology*, London 1995. Peter Brook und Jerzy Grotowski – bei dem Barba gelernt hatte – hatten sich bereits vorher intensiv und systematisch mit diesen Fragen beschäftigt. Vgl. etwa: Jerzy Grotowski: *Für ein Armes Theater*, Berlin 1994 [1968].

25 Antonin Artaud hat in seinem Essay »Über das balinesische Theater« diese Wirkung ausführlich beschrieben. In: Antonin Artaud: *Das Theater und sein Double*, Frankfurt/M. 1989.

26 Vgl. Eugenio Barba/Nicola Savarese: *The Secret Art of the Performer*, a. a. O.

27 Der Einsatz des ganzen Körpers zur Darstellung konkreter Handlungen spielt auch im Werk von Étienne Decroux, der zusammen mit Jean-Louis Barrault die Grundlagen der modernen Mime geschaffen hat, eine zentrale Rolle. Von Decroux ist auch der Satz überliefert: »Nur wenn der Schauspieler darauf verzichtet, in Begleitung seines Körpers auf die Bühne zu kommen, wird er darauf verzichten können, die Kunst des Körpers zu studieren.« Zitiert nach Jean Soubeyran: *Die wortlose Sprache. Lehrbuch der Pantomime*, Zürich 1984. Siehe auch: Étienne Decroux: *Paroles sur le mime*, Paris 1963.

28 Friedrich Schiller: »Sobald aber entweder der *Stoff* oder der *Künstler* ihre Naturen mit einmischen, so erscheint der dargestellte Gegenstand nicht mehr als durch sich selbst bestimmt, sondern Heteronomie ist da. Die Natur des Repräsentierten erleidet von dem Repräsentierenden Gewalt, sobald dieses seine Natur dabei geltend macht. Ein Gegenstand kann also nur dann frei *dargestellt* heißen, wenn die Natur des Dargestellten von der Natur des Darstellenden nichts gelitten hat. [...] Der große Künstler, könnte man also sagen, zeigt uns den Gegenstand [...], der mittelmäßige zeigt sich selbst [...], der schlechte seinen Stoff [...]« (Brief an Christian Gottfried Körner, 28. Februar 1793)

29 Dazu schrieb Erwin Piscator 1949 in seinem Essay »Objektive Spielweise«: »Ich vermute, Sie haben sehr oft gehört, daß Sie sich und Ihren Charakter in sich selbst finden müßten, in einer Art ›splendid isolation‹. Niemals können Sie sich selbst finden, wenn Sie nicht gelernt haben, wie Sie auf Ihren Partner reagieren müssen.« In: Erwin Piscator: *Theater der Auseinandersetzung. Ausgewählte Schriften und Reden*, Frankfurt/M. 1977, S. 62–71.

30 Vgl. Fabian Scheidler: *Der Stoff, aus dem wir sind*, a. a. O., S. 57–60.

31 Vgl. Ilya Prigogine/Isabelle Stengers: *Dialog mit der Natur. Neue Wege naturwissenschaftlichen Denkens*, München 1979, S. 23.

32 Zum balinesischen *Subak*-System siehe Fabian Scheidler: *Der Stoff, aus dem wir sind*, a. a. O., S. 191–196, sowie J. Stephen Lansing: *Perfect Order: Recognizing Complexity in Bali*, Princeton 2006.

33 Siehe z. B. Alexander Tairow: *Das entfesselte Theater. Aufzeichnungen eines Regisseurs*, Berlin 1989.

34 »Kann das Theater ohne Kostüme und Dekoration existieren? Ja, das kann es. Kann es ohne Musik existieren, die die Handlung begleitet? Ja. Kann es ohne Beleuchtungseffekte existieren? Natürlich. Und ohne einen Text? Ja; […]. Aber kann das Theater ohne Schauspieler existieren? Ich kenne kein Beispiel dafür. Man könnte das Puppentheater anführen. Doch auch hier findet sich ein Schauspieler, wenn auch anderer Art, hinter der Bühne.« (Jerzy Grotowski: *Für ein Armes Theater*, Berlin 1994, S. 33.)

35 Peter Brook: *Wanderjahre. Schriften zu Theater, Film & Oper 1946–1987*, Berlin 1989, S. 78.

36 Die Mitglieder der Florentiner *Camerata*, eines Elitezirkels von kunstliebenden Philosophen, Dichtern und Musikern, die um 1600 das erfanden, was man später »Oper« nennen sollte, glaubten, dass die antiken Darsteller und der Chor die meiste Zeit wie Statuen standen und den Text sangen. Tatsächlich aber waren die Versmaße des Chorgesanges komplexe Tanzrhythmen. Autoren wie Sophokles und Euripides schrieben nicht Texte, die ein Komponist anschließend vertonte, sondern sie waren selbst Choreographen und Komponisten, die wiederum aus den vielfältigen regionalen Tanz- und Musiktraditionen Griechenlands schöpften. Wie eine Aufführung genau aussah und klang, können wir heute nicht mehr rekonstruieren, aber vieles deutet darauf hin, dass es sich um ein integriertes Tanz- und Sprechtheater handelte, nicht um ein Oratorium.

37 Das Musical hat mit seiner starken Betonung der Choreographie zwar versucht, diese Struktur aufzubrechen, ist aber infolge fehlender Subventionen einem enormen Kommerzialisierungsdruck ausgesetzt. Eine ernsthafte Erneuerung und Weiterentwicklung eines musikalischen Theaters ist unter diesen Bedingungen kaum vorstellbar.

38 Arbeiten wie die von Royston Maldoom und Simon Rattle mit Berliner Schülern, dokumentiert in dem Film *Rhythm Is It!* (2004), zeigen, welches Potential darin liegt, bereits in der Schule zu beginnen – vor allem, wenn sich diese Art von Arbeit nicht auf vereinzelte Prestigeprojekte beschränken würde, sondern in Lehrplänen dauerhaft verankert wäre.

39 Statistisches Bundesamt: Kulturfinanzbericht 2020, S. 19. Die 0,35 Prozent des BIP entsprechen etwa 130 Euro pro Einwohner und Jahr. Von den etwa 10 Milliarden Euro öffentlicher Kulturförderung im Jahr entfallen auf die Theater etwa zwei Milliarden.

40 In Frankreich gibt die öffentliche Hand 15 Milliarden Euro jährlich für die Kultur aus, bei deutlich weniger Einwohnern und einem wesentlich geringeren BIP als in Deutschland. Siehe: »Faktencheck Kulturausgaben«, Deutsche Welle, 8. 12. 2017.

41 Ein solches Ziel bietet sich auch deswegen an, weil die Klima- und Biosphärenkrise ohnehin eine Stärkung der kulturell-sozialen Sektoren notwendig macht, die in der Regel eine wesentlich bessere Öko- und Klimabilanz haben als etwa der Automobilsektor, der in Deutschland jährlich mit ca. 15 Milliarden Euro vom Staat subventioniert wird.

42 Dieser Text erschien erstmals auf Englisch unter dem Titel »In closed spaces« in dem Sammelband *Why Theatre?*, hrsg. von Milo Rau, Kaatje de Geest und Carmen Hornbostel, Berlin 2020.

43 Zur Großen Trennung siehe Fabian Scheidler: *Der Stoff, aus dem wir sind*, a. a. O., S. 131–170.

44 Vgl. Beryl de Zoete/Walter Spies: *Dance and Drama in Bali*, North Clarendon (VT)/Tokio 2001 [Oxford 1938] sowie den Dokumentarfilm *Trance and Dance in Bali* von Gregory Bateson und Margaret Mead aus dem Jahr 1951, Library of Congress, Download unter www.loc.gov/item/mbrs02425201.

BILDNACHWEISE

Umschlagabbildung: Gregory Bateson: *I Mario of Tabanan teaching I Dewa P. Djaja of Kedere to dance,* Tabanan, Bali, 1. Dezember 1936, Library of Congress, Public Domain

S. 50: Balinesische Tanzschülerin, die den *Baris*-Tanz übt. Quelle: banjarsaraswati.wordpress.com

S. 62: Charlie Chaplin im Kostüm zum Film *The Gold Rush (Goldrausch)* © Roy Export Co. Ltd.

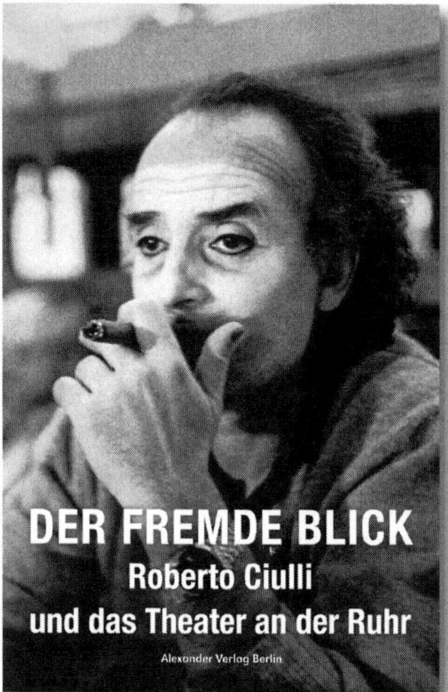

»Roberto Ciulli hat sein Leben lang an einer Kunst gearbeitet, die die Menschlichkeit verteidigt. … Dieses Buch ist wie eine Bühne: Das Monument von 1200 Seiten ist kein normales Werk über Theater, sondern ein emotionales Lebens-Werk, ein Liebhaberstück.« Dorothea Marcus, WDR

»Das Theater an der Ruhr war wie eine Explosion für mich. Vieles von dem, was ich heute als meins ausgebe, kommt daher.« Navid Kermani

www.alexander-verlag.com